narr **STARTER**

David Gerlach

Lese-Rechtschreib-Schwierigkeiten (LRS) im Fremdsprachenunterricht

narr\f
ranck
e\atte
mpto

Bibliografische Information der Deutschen Nationalbibliothek
Die Deutsche Nationalbibliothek verzeichnet diese Publikation in der Deutschen Nationalbibliografie; detaillierte bibliografische Daten sind im Internet über http://dnb.dnb.de abrufbar.

Dischingerweg 5 · D-72070 Tübingen

Internet: www.narr-starter.de
www.narr-studienbuecher.de
eMail: info@narr.de

Satz: typoscript GmbH, Walddorfhäslach
Printed in Germany

ISSN 2509-6036
ISBN 978-3-8233-8262-1 (Print)
ISBN 978-3-8233-9262-0 (ePDF)

Inhalt

Einführung

Lesen und Schreiben gelten als zentrale Kompetenzen im Fremdsprachenunterricht. Doch wie können Schülerinnen und Schüler gefördert werden, deren schriftsprachliche Leistungen unterdurchschnittlich sind, die Lese-Rechtschreib-Schwierigkeiten (LRS) aufweisen? Dieser Einführungsband fasst die wichtigsten Aspekte der Diagnose und Förderung von Lernenden mit diesen besonderen Herausforderungen zusammen. Er richtet sich an alle Fremdsprachenlehrkräfte, die Schülerinnen und Schüler mit LRS unterstützen möchten. Der Band kann aber auch als Grundlage im Lehramtsstudium oder Referendariat dienen, um sich eingehender mit dem Phänomen LRS und seinen methodisch-didaktischen Implikationen zu beschäftigen.

Online-Material

Zu allen Kapiteln finden Sie im Onlinematerial auf narr-starter.de Tests und Quizze zur Überprüfung Ihres Wissens und zur weiteren Reflexion.

1. Schwierigkeiten beim Lesen und Schreiben

1.1 Die Rolle des Lesens und Schreibens im Fremdsprachenunterricht

Lesen und Schreiben spielen in der heutigen Gesellschaft – und zwar trotz Digitalisierung – eine weiterhin herausgehobene Rolle: Schriftsprachliche Medien und Texte sind überall vertreten und wollen entschlüsselt werden, Kinder und Jugendliche rezipieren und produzieren Text über Bücher, das Internet, Instant-Messaging-Programme auf dem Smartphone ... Dabei sind Lesen und Schreiben bemerkenswerte Kulturfertigkeiten, die keineswegs selbstverständlich sind. Hier ein Beispiel:

> Luat enier sidtue an eienr elgnhcsien uvrisnäiett ist es eagl, in wcheler rhnfgeeloie die bstuchbaen in eniem wrot sehetn. Das eniizg whictgie ist, dsas der etrse und der lztete bstuchbae am rtigeichn paltz snid. Der rset knan tatol deiuranchnedr sien und man knan es ienrmomch onhe porbelm lseen. Das legit daarn, dsas wir nhcit jeedn bstuchbaen aeilln lseen, srednon das wrot als gzanes. (Rawlinson 1976)

Es ist erstaunlich, dass man den Text entschlüsseln kann, obwohl die meisten Wörter keinen orthographischen Regeln folgen. Auch Groß- und Kleinschreibung spielt im Grunde keine Rolle, die Satzzeichen hätte man ebenfalls weglassen können. Und trotzdem: Unser Gehirn versteht blitzartig eine Systematik und entschlüsselt (dekodiert) die Buchstabenkombinationen auf eine Art, die dann Sinn ergibt.

Sie finden Beispiele dieses Textes im Original (Englisch) und anderen Fremdsprachen unter dem folgenden Link: www.mrc-cbu.cam.ac.uk/people/matt.davis/Cmabrigde/

Die automatisierten Entschlüsselungsprozesse, die immer ablaufen, wenn wir Texte lesen (oder schreiben), sind Fertigkeiten, die wir im Schriftspracherwerb erlernen und die später kurz zusammengefasst dargestellt werden (siehe Kapitel 2.1). Auch in den modernen Fremdsprachen spielen Lesen und Schreiben eine wichtige Rolle, schließlich sind sie zwei grundlegende Kompetenzen, die zur Erschließung (Rezeption) und Erstellung (Produktion) fremdsprachlicher Texte genutzt werden müssen. Daneben dienen sie im schulischen Kontext in der Regel der Ermittlung der Leistung und Performanz von Schülerinnen und Schülern und damit zur Notengebung. Aber was passiert, wenn Schülerinnen und Schüler diese Leistungen nicht erbringen können, da sie nicht richtig lesen und schreiben können, einen erschwerten Schriftspracherwerb haben bzw. hatten, der sie – im Vergleich zur klassischen Vergleichsgruppe, nämlich: dem Rest der Klasse – abfallen lässt? Diese Lernenden können den oben vorgestellten Text nicht lesen. Sie vermögen es nicht, automatisiert einen solchen „fehlerhaften" Text zu entschlüsseln. Sie haben Lese-Rechtschreib-Schwierigkeiten.

1.2 Was sind Lese-Rechtschreib-Schwierigkeiten?

Lese-Rechtschreib-Schwierigkeiten werden im deutschsprachigen Raum unter zahlreichen Begriffen kolportiert mit jeweils unterschiedlichen Implikationen, Schweregraden und Prozentanteilen an der Schülerschaft:

- Die „Lese-Rechtschreib-Störung“ gehört laut „Internationaler statistischer Klassifikation der Krankheiten und verwandter Gesundheitsprobleme“ (ICD-10) zu den „umschriebenen Entwicklungsstörungen schulischer Fertigkeiten“ (F81). Hierbei handelt es sich um „Störungen, bei denen die normalen Muster des Fertigkeitserwerbs von frühen Entwicklungsstadien an gestört sind. Dies ist nicht einfach Folge eines Mangels an Gelegenheit zu lernen; es ist auch nicht allein als Folge einer Intelligenzminderung oder irgendeiner erworbenen Hirnschädigung oder -krankheit aufzufassen“ (vgl. ICD-10 2019). Die teilweise auch „Legasthenie“ genannte Form bzw. Lese-Rechtschreib-Störung (5 – 8 Prozent der Schülerschaft) wird in der Regel als genetisch bedingte Störung angenommen, damit als stärkste Ausprägung von LRS und teilweise als „unheilbar“ dargestellt.
- Die „isolierte Rechtschreib-Störung“ betrifft ca. 4 Prozent der Lernenden, bei denen Lesen relativ unkompliziert möglich ist, die Rechtschreibung allerdings große Probleme bereitet.
- Als „Lese-Rechtschreib-Schwäche“ (bis zu 14 Prozent der Lernenden) wird eine schwächere Form bezeichnet, als Ursache werden primär psychische oder äußere Einflüsse angenommen (Elternhaus und Lesesozialisation, andere soziale Faktoren, Peergroup, Schriftsprachunterricht).
- Die sogenannten „Risikokinder“ der PISA-Studien weisen „Leseverstehensschwierigkeiten“ auf (ca. 20 Prozent der Lernenden; vgl. Naumann et al. 2010). Ihre Lesekompetenz entspricht nicht den altersgemäßen Erwartungen. Diese Eingruppierung bezieht sich allerdings explizit auf das Verstehen von textlichen Inhalten.

- Als „funktionalen Analphabetismus“ bezeichnen wir die „erwachsene“ Form der Lese-Rechtschreib-Schwierigkeiten. Ca. 14,5 Prozent der Erwachsenen in Deutschland (7,5 Millionen) sind hiervon betroffen. Sie zeigen stark eingeschränkte Lese-Schreibfähigkeiten, die die soziale Teilhabe der Betroffenen in unserer Gesellschaft deutlich erschweren.

Berücksichtigt man diese verschiedenen Formen und Ausprägungsgrade von LRS, muss davon ausgegangen werden, dass mindestens ein Fünftel aller Schülerinnen und Schüler betroffen ist.

Die verschiedenen Begrifflichkeiten stehen allerdings nicht selten im Zusammenhang mit unterschiedlichen Interessen. Dabei sollte klargestellt sein, dass schwache Lese-Rechtschreib-Fähigkeiten weder eine Krankheit noch eine Behinderung darstellen und damit nicht pathologisiert werden sollten, wie teilweise durch den Begriff „Legasthenie“ oder „Störung“/„Schwäche“ evoziert wird. Falls LRS als etwas aufgefasst werden, das „im Kopf des Kindes“, gleichsam als Krankheit, vorherrscht, ist niemand mehr verantwortlich. Dies mag zunächst Eltern und Lehrkräfte (und betroffene Lernende) entlasten, allerdings würde dann keinerlei Notwendigkeit mehr für Berücksichtigung oder Förderung bestehen. Aus diesem Grund wird eine stärker pädagogisch und inklusive Definition von LRS – auch in der Deutschdidaktik – favorisiert:

> Lese-Rechtschreib-Schwierigkeiten (LRS) im Fremdsprachenunterricht zeigen sich, wenn höhere Lese- und Schreibprozesse aufgrund mangelnder basaler Schriftsprachkompetenzen (häufig auch in der Muttersprache) nicht oder nur unzureichend in der Fremdsprache erfüllt

> werden können. Die Ursachen für diese Schwierigkeiten, die ca. 20 % aller Schülerinnen und Schüler betreffen, können im individuellen Begabungsprofil der/des Lernenden, körperlich-kognitiven Voraussetzungen (Dispositionen) sowie äußeren Umständen (sozioökonomische Voraussetzungen, Elternhaus, Schule, Unterricht) liegen. (Gerlach 2018 b)

Wie würden Sie einem Schüler/einer Schülerin (bzw. seinen Eltern) die pädagogische Sichtweise auf Lese-Rechtschreib-Schwierigkeiten vermitteln?

Wenn in Ratgebern, im Internet, in Gutachten o. Ä. von LRS die Rede ist, sollte man in der Tat genauer prüfen, welche „Form“ von LRS tatsächlich gemeint ist. Sind schwerwiegende Schwierigkeiten im Sinne einer „Legasthenie“ gemeint oder möglicherweise eine vermeintlich leichtere Ausprägung im Sinne einer „Schwäche“? Im Zweifelsfall hilft nur Rückfragen oder Klärungen der zugrundeliegenden Definition.

Die pädagogische Definition von LRS ist bewusst sehr weit gefasst. Möglicherweise geht sie weit über die Spanne der 20 Prozent der schwächsten Schülerinnen und Schüler hinaus. Gleichzeitig kann man sich entsprechend aber auch fragen: Sollten nicht auch die Schülerinnen und Schüler, die im Bereich von 20–30 Prozent oder 30–40 Prozent der schwächsten vertreten sind, eine Förderung bekommen? In der Tat sollten sie das! Darüber hinaus zeigen sich Lese- und Schreibkompetenz nicht selten tagesformabhängig und nehmen in den Fremdsprachen noch einmal eine ganz andere Dynamik ein, die ebenfalls von der orthographischen Komplexität der zu lernenden Sprache abhängig ist (vgl. Kapitel 4.1). Die Ursachen für LRS wiederum können mannigfaltig und individuell höchst unterschiedlich sein.

Zur ausführlichen Diskussion rund um die unterschiedlichen Definitionen von und Perspektiven auf LRS empfehlenswert sind Kormos/Smith (2012) unter einer inklusiven Perspektive des Fremdsprachenlernens, Elliott/Grigorenko (2014) hinterfragen das Label „dyslexia" und Büchner et al. (2009) diskutieren kritisch die Sinnhaftigkeit einer Pathologisierung von Schwierigkeiten beim Schriftspracherwerb.

2. Ursachen von LRS

2.1 Schriftspracherwerb und Lese-/Schreibkompetenz

Um LRS zu verstehen, hilft es, sich einen normalen Schriftspracherwerb vor Augen zu führen. Dieser beginnt in der Regel bereits vor Schuleintritt, wenn Kinder beginnen, ihren eigenen Namen zu lesen oder zu schreiben bzw. die Logos von Marken zu erkennen: Sie bewegen sich auf der sogenannten logographischen Stufe. Der Umgang mit Schriftsprache wird zunehmend bewusster *(emergent literacy)*. Zum Lesen- und Schreibenlernen gehören allerdings auch zahlreiche weitere, sogenannte Vorläuferfähigkeiten und Einflussfaktoren.

Vorläuferfähigkeiten und Einflussfaktoren

Zahlreiche Faktoren im Vorschulbereich begünstigen oder erschweren einen späteren Schriftspracherwerb. Beginnend mit dem Erstspracherwerb und dem dadurch erworbenen Vokabular sowie sprachlichen Strukturen spielt besonders die Lesesozialisation innerhalb der Familie eine bedeutende Rolle. Auch die Anbahnung der Fähigkeit, über Sprache als Gegenstand zu sprechen und sie mit einem bestimmten Ziel zu nutzen, zeigt einen positiven Einfluss für den Schriftspracherwerb, die z. B. im Rahmen vorschulischer Förderprogramme im Kindergarten trainiert wird.

Als Teil der Vorläuferfähigkeiten bezeichnet die phonologische Bewusstheit die Fähigkeit, Sprache bzw. sprachliche Einheiten zu identifizieren, zu analysieren und zu manipulieren. Man unterscheidet hier zwischen phonologischer Bewusstheit im weiteren und engeren Sinn, wobei sich Erstere auf die Identifikation und Manipulation übergeordneter sprachlicher Einheiten wie Silben, Onsets und Reime bezieht, Letztere hingegen ausschließlich auf die Phonemebene (Phonembewusstheit). Diese Fähigkeit wird bereits vor Schuleintritt ausgeprägt und wird im Vorschulbereich gefördert: Beispielsweise sind das Erkennen, dass Wörter mit ähnlichen Lauten beginnen oder sich reimen, zentrale Elemente phonologischer Bewusstheit.

Spätestens seit den PISA-Studien wird dem deutschen Bildungssystem wiederholt vorgehalten, dass Jugendliche aus sozial schwächeren Familien im Allgemeinen geringere Bildungschancen haben und eine verringerte Performanz hinsichtlich Leseverstehen zeigen. Interessanterweise konnte allerdings auch gezeigt werden, dass der Bildungsstand der Eltern an sich keine direkte Korrelation zur phonologischen Bewusstheit als möglicher Schlüsselkompetenz des Schriftspracherwerbs aufweist, wohl aber z. B. Fernsehkonsum oder Migrationshintergrund (vgl. Fröhlich et al. 2013).

Stufenmodell zum Schriftspracherwerb

Letztlich sind zahlreiche Vorläuferfähigkeiten und vorschulische Erfahrungen lediglich ein Teil des „Puzzles Schriftspracherwerb“. Manche schwächer ausgeprägten Kompetenzen können durch andere ausgeglichen werden, manche Kinder erhalten eine qualitativ hochwertige Förderung im Vorschulbereich und damit einen gewissen Vorsprung gegenüber Dritten ... Letztlich liegt es im individuellen Begabungsprofil und allen negativ wie positiv die Entwicklung eines Kindes beeinflussenden Faktoren, die möglichst iden-

Phase	Fähigkeiten & Einsichten	Lesen	Schreiben
1	Nachahmung äußerer Verhaltensweisen	***‚Als-ob'-Vorlesen***	***Kritzeln***
2	Kenntnis einzelner Buchstaben an Hand figurativer Merkmale	***Erraten von Wörtern*** auf Grund visueller Merkmale von Buchstaben oder -teilen (Firmenlogos benennen)	***Malen von Buchstabenreihen,*** Malen des eigenen Namens
3	Beginnende Einsicht in den Buchstaben-Laut-Bezug, Kenntnis einiger Buchstaben/Laute	***Benennen von Lautelementen*** häufig orientiert am Anfangsbuchstaben, Abhängigkeit vom Kontext	***Schreiben von Lautelementen*** (Anlaut, prägnanter Laut zu Beginn des Wortes), ‚Skelett-schreibungen'
4	Einsicht in die Buchstaben-Laut-Beziehung	***Buchstabenweises Erlesen*** Übersetzen von Buchstaben- und Lautreihen, gelegentlich ohne Sinnverständnis	***Phonetische Schreibungen*** nach dem Prinzip: ‚Schreibe, wie du sprichst'
5	Verwendung orthographischer bzw. sprach-struktureller Elemente	***Fortgeschrittenes Lesen*** Verwendung größerer Einheiten (z. B. mehrglied. Schrift-zeichen, Silben, Endungen wie -en, -er)	***Verwendung ortho-graphischer Muster*** (z. B. -en, -er; Umlaute), gelegent-lich auch falsche Generalisierungen
6	Automatisierung von Teilprozessen	***Automatisiertes Worterkennen und Hypothesenbildung***	***Entfaltete orthographische Kenntnisse***

Abb. 1: Phasen des Schriftspracherwerbs nach Valtin (1997)

tifiziert und je nach Profil unterstützt werden müssen. Dies kann im vorschulischen Bereich durch Beobachtungen und angemessene Testverfahren geschehen, spätestens in höheren Stufen des Schriftspracherwerbs liegen zudem schriftliche Produkte vor, die kompetenzorientiert nach Fähig- und Fertigkeiten analysiert werden können, um darauf basierend Fördermaßnahmen zu empfehlen.

Nach der – in der Regel vorschulischen – Phase des logographischen Lesens (siehe Abbildung 1: Phasen 1 und 2) folgt die alphabetische Stufe (Phasen 3 und 4). Auf dieser können beginnende Leser/innen Verbindungen zwischen Laut- und Symbolebene herstellen. Sie finden eine Verbindung zwischen Phonemen und Graphem und enkodieren diese beim Schreiben bzw. dekodieren sie beim Lesen.

Auf der alphabetischen Stufe werden Wörter in der Regel lautlich verschriftet, ohne dass bestimmte orthographische Regeln oder Besonderheiten berücksichtigt werden. Diese (meist sprachspezifischen) Regelhaftigkeiten werden in der orthographischen Stufe verinnerlicht und angewendet (ab Phase 5). Hierzu gehört auch das wachsende Bewusstsein für die Bedeutung bestimmter Morpheme. Sind die orthographischen Regeln verinnerlicht und automatisiert, gelingt das (korrekte) Schreiben ohne größere Schwierigkeiten, während in der alphabetischen Stufe, auf der die meisten Schülerinnen und Schüler mit LRS verbleiben, die Wörter in der Regel Laut für Laut und Graphem für Graphem entschlüsselt werden müssen.

Hinsichtlich des Leseprozesses im Besonderen hat der Neurowissenschaftler Max Coltheart Ende der 70er Jahre eine Theorie vorgestellt, die den Prozess des Lesens in zwei unterschiedliche Verarbeitungswege aufteilt. Diese Theorie wurde als „2-Wege-Modell“ bekannt (vgl. Coltheart 1978):

1. Der erste, direkte Weg des Lesens besteht aus dem unmittelbaren Zugriff auf ein mentales Lexikon, in dem Wortbilder abgespeichert sind. Auch die Aussprache des Wortes ist hier direkt abrufbar.

2. Der zweite, indirekte Weg beschreibt das buchstabenweise Erlesen eines Wortes, also das serielle Übersetzen von Buchstaben oder Buchstabengruppen in Laute.

Dieses Modell wurde zunehmend verfeinert z. B. auch von Ellis und Young (1988) und gilt als Grundlage moderner Konzeptualisierungen des Leseprozesses.

2.2 Ursachen für schwache Lese- und (Recht-) Schreibleistungen

Die Ursachen für schwache schriftsprachliche Leistungen können auf verschiedenen Ebenen verortet werden.

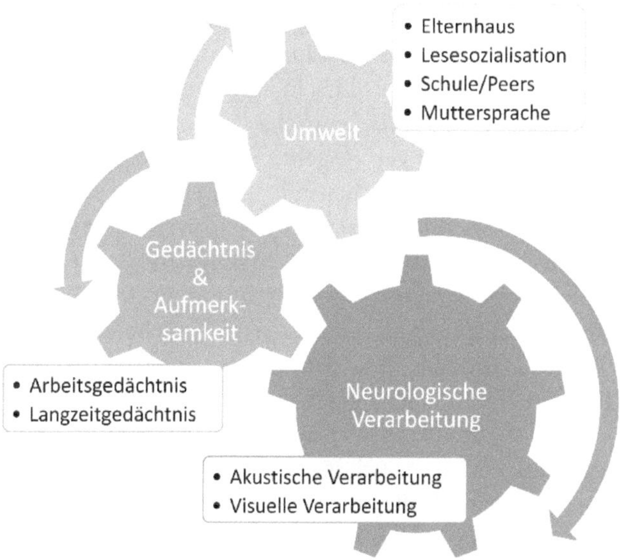

Abb. 2: Mehrebenenursachenmodell für Lese-Rechtschreib-Schwierigkeiten (in Anlehnung an Frith 1997)

Neurologische Verarbeitungsprozesse

Defizitäre Prozesse der Verarbeitung von Informationen, die wir als visuelle oder akustische Reize empfangen, werden als eine Ursache für LRS angesehen. Dies sind damit bereits Prozesse, die auf der Ebene der neuronalen Verarbeitung zu verorten sind, also über organische Ursachen hinausgehen. Dennoch sollten Schülerinnen und Schüler, bei denen der Verdacht auf LRS besteht, zunächst die Funktionstüchtigkeit von Ohren und Augen prüfen lassen – schließlich lässt sich diese durch relativ einfache Maßnahmen verbessern bzw. ausgleichen.

Inwiefern visuelle Verarbeitungsprozesse beim Umgang mit Schriftsprache tatsächlich beeinträchtigt sind, ist nicht vollkommen geklärt. Dies mag vor dem Hintergrund überraschen, dass man im Zusammenhang mit Lesen und Schreiben, dem Entschlüsseln von visuellen Symbolen (Buchstaben), vermutlich zunächst von optischen/visuellen Dekodierungsvorgängen ausgeht. Viel eindeutiger sind Hinweise darauf, dass Menschen mit LRS ein „phonologisches Defizit“ aufweisen insofern, als die auditiven Verarbeitungsprozesse von Lauten entweder sehr langsam oder fehlerhaft ablaufen. Dies kann sowohl in Richtung der Informationsaufnahme beim Lesen (Dekodieren) als auch beim Abruf von Wortinformationen aus dem Langzeitgedächtnis beim Schreiben (Enkodieren) geschehen.

Dabei spielt die zu lernende (bzw. zu lesende und zu schreibende) Sprache auch im Hinblick auf ihre linguistische Komplexität eine Rolle, was Ziegler und Goswami (2005) als *Grain size theory* vorgestellt haben: Nach ihr hängt der Schriftspracherwerb bzw. insbesondere das Lesenlernen davon ab, welche sprachliche Einheit im Schriftsprachsystem am konsistentesten abgebildet wird. Während dies im Deutschen beispielsweise das Phonem als kleinste Einheit ist und daher in Förderkonzepten besondere Beachtung findet, sind es im Englischen stärker Silbenreime (nicht selten in Verbindung mit konsonantischen Anlauten), die gewisse Regelhaftigkeiten innehaben.

Welche sprachliche Einheit damit transparenter für den Lesenden und einfacher dekodierbar ist, beeinflusst ebenfalls die sogenannte Benenngeschwindigkeit, also die Zeit, die für die Dekodierung benötigt wird. Die Benenngeschwindigkeit ist allerdings – unabhängig von der Schriftsprache – auch ein Indikator dafür, wie schnell sprachliche Information aus dem Langzeitgedächtnis aktiviert und produziert werden kann. Hierfür sind wiederum Verarbeitungsprozesse im Arbeitsgedächtnis verantwortlich, die nachfolgend vorgestellt werden.

Aufmerksamkeit und Gedächtnis

Neben den visuellen und auditiven Verarbeitungsprozessen spielt das Arbeitsgedächtnis (früher: Kurzzeitgedächtnis) eine besondere Rolle, muss es doch alle Informationen, die aus dem Langzeitgedächtnis abgerufen sowie diesem per Input zugeführt werden, zwischenspeichern und verarbeiten. Studien konnten zeigen, dass die Arbeitsgedächtniskapazität von Schülerinnen und Schülern mit LRS deutlich herabgesetzt ist. Dies ist umso herausfordernder für die tägliche Praxis des Lesens und Schreibens (und Lernens im Allgemeinen), da das Arbeitsgedächtnis auch als nicht spezifisch trainierbar gilt. Zumindest konnte bislang nicht klar herausgearbeitet werden, welche Bestandteile des Arbeitsgedächtnisses wie gefördert werden können. Gemäß einem gängigen

Modell nach Baddeley (1986/2000) besteht das Arbeitsgedächtnis aus den folgenden Elementen:

- In der **phonologischen Schleife** werden lautliche Informationen zwischengespeichert und wiederholt.
- Im **episodischen Puffer** werden Informationen geordnet z. B. in syntaktischer oder semantischer Hinsicht. Er ist vermutlich auch verantwortlich für die Koordinierung und Zwischenspeicherung von Informationen, die aus dem oder in das Langzeitgedächtnis transportiert werden.
- Der **visuell-räumliche Notizblock** dient der Zwischenspeicherung sowie der potentiellen Manipulation visueller Informationen (Symbole, Bilder).
- Die **zentrale Exekutive** steuert die Verarbeitungsprozesse und die Aufmerksamkeit im Arbeitsgedächtnis und trennt unwichtige von wichtigen Informationen.

Für die phonologische Schleife wird allgemein von einer Speicherkapazität von 7 Informationsbruchteilen (7 *bits* oder *chunks*) bei Erwachsenen, weniger bei Kindern, ausgegangen. Dies kann eine siebenstellige Telefonnummer sein oder ein Wort bestehend aus mehreren Phonemen. Kürzere Wörter mit weniger Phonemen und Silben werden daher leichter zwischengespeichert beim Lesen und Schreiben als längere Wörter. Die Fehleranfälligkeit beim Lesen und Schreiben orthographisch komplexerer Konstrukte ist damit vergleichsweise höher.

Hinsichtlich der Rolle des Langzeitgedächtnisses als Speicher für Wortschatz und sprachliche Informationen wird davon ausgegangen, dass Lernende mit LRS sich nicht nur schwerer tun, ihn über das Arbeitsgedächtnis abzurufen, sie haben – eng damit verbunden – überhaupt größere

Schwierigkeiten, diesen Informationsspeicher aufzubauen. Möglicherweise bestehen dort dann Dissonanzen in der Abspeicherung von Wortbedeutung und Orthographie, weswegen es eine Kompensationsstrategie für schwache Lernende sein kann, zunächst einen Wortschatz z. B. sehr häufig vorkommender Wörter aufzubauen, der eine gewisse Grundlage bildet, bevor auf kleinere sprachliche Einheiten fokussiert wird.

Die oben beschriebenen Faktoren der neuronalen Verarbeitung sowie die Aufmerksamkeitsschwierigkeiten können auch genetisch bedingt sein. Für LRS wurden Gene identifiziert, die möglicherweise schriftsprachliche Leistungen bzw. die Entwicklung dafür nötiger Fähig- und Fertigkeiten erschweren. Man geht daher davon aus, dass LRS vermehrt in bestimmten Familien vorkommt.

Neben den genannten Prozessen spielen beim Lernen des Lesens und Schreibens sowie von Fremdsprachen auch weitere neurowissenschaftliche Aspekte eine bedeutende Rolle. Einblicke liefern hier auch Arndt und Sambanis (2017).

Soziale und Umweltfaktoren

Eine überstarke Betonung der genetischen Ursachen für LRS (solange sie nicht eindeutig individuell diagnostiziert werden kann) kann jedoch zu einer sich selbst erfüllenden Prophezeiung bzw. einem Teufelskreis werden, schließlich führt eine schwache Lesekompetenz der Eltern dann zu einer schwachen Lesesozialisation der Kinder, welche wiederum in schwachen schulischen Leistungen resultiert. Daher können genetische wie allgemein soziale Faktoren oder Umweltfaktoren eng miteinander verbunden sein, sich aber in einer ähnlichen Symptomatik zeigen. Aus diesem Grund ist es für den schulisch-pädagogischen Kontext zunächst irrelevant, ob die Schwierigkeiten durch genetische oder soziale Faktoren entstehen. Auf Grundlage von Annahmen zu Hirnphysiologie und Neuroplastizität muss davon ausgegangen werden, dass die Leistungsfähigkeit unseres Gehirns nicht in dem Maße vorbestimmt und damit deutlich flexibler und fluider ist, als man dies noch vor 20 Jahren angenommen hat.

Zu Umweltfaktoren und damit verbundenen schwachen Lese- und Schreibleistungen kann daher neben der Familie und dem (sozialen) Umfeld sowie Muttersprache/Migrationshintergrund auch gehören, dass ein betroffenes Kind für einen längeren Zeitraum krank wird (entweder körperlich oder psychisch) und dadurch elementare Automatisierungsprozesse im Unterricht verpasst. Wenn diese nicht aufgeholt werden, besteht die Gefahr, dass bestimmtes Wissen oder Strategien nicht verinnerlicht werden und sich dadurch falsche Herangehensweisen (Fehler) fossilisieren.

Weitere Hintergründe zu den Ursachen von LRS finden sich in den zahlreichen einschlägigen Einführungswerken z. B. von Klicpera et al. (2017).

Mythen über Lernende mit LRS

Daloiso (2017) stellt sechs Stereotype über Lernende mit LRS zusammen, die sich nicht durch Forschung belegen lassen, die aber (leider) weiterhin gängige Glaubenssätze darstellen:

1. *Es gibt nur wenige Lernende mit LRS.* > Nach einer breiten Definition sind es um die 20 Prozent aller Schülerinnen und Schüler.

2. *Lernende mit LRS sind weniger intelligent.* > Zwar galt früher der IQ als ein Kriterium zu Feststellung von LRS, mittlerweile wird dieses jedoch abgelehnt, da man weiß, dass zwar auch kognitive Fähigkeiten eingeschränkt sein können, diese es aber nicht vermögen, allein innerhalb des Mehrebenenmodells schwache Leistungen zu erklären. (Im Gegensatz dazu hält sich der Mythos wacker, dass alle Lernenden mit LRS hochbegabt seien – auch dies ist mitnichten der Fall.)
3. *Lernende mit LRS sind faul.* > In der Regel ist das Gegenteil der Fall: Der Aufwand, den sie in das Lesen und Produzieren von Text investieren, ist im Vergleich zu Nicht-Betroffenen ungleich höher.
4. *Lernende mit LRS haben Verstehensprobleme.* > Zwar kann dies auch ein Symptom sein, ursächlicher sind allerdings die Dekodierungsschwierigkeiten auf Wortebene.
5. *Die Schwierigkeiten sind lediglich temporär.* > Zwar können einige Lernende die Schwierigkeiten kompensieren bzw. besser werden, nicht wenige werden allerdings ihr Leben lang unter LRS leiden. Der lange geltende Glaube, dass LRS sich nach der Pubertät „ausheilen", ist nicht haltbar.
6. *Lernende mit LRS sind zum Scheitern verurteilt.* > Menschen mit LRS sind häufig sehr kreativ und zeigen diverse Begabungen und Talente, die lediglich selten dem schulischen Anforderungsprofil entsprechen. Diese Begabungen und Talente zu erkennen und zu fördern, sollte dementsprechend eines der Hauptziele darstellen, während man gleichzeitig versucht, die kognitiv möglichen Leistungen auch innerhalb des Unterrichts greifbar zu machen.

3. Symptomatik und Diagnose

Mit den in Kapitel 2 beschriebenen Ursachen gehen unterschiedliche Auswirkungen auf die schriftsprachlichen Leistungen im Fremdsprachenunterricht einher. Diese können individuell (auch tagesformbedingt) sehr unterschiedlich ausfallen, mögen zudem in der Schwere und Komplexität stark variieren, sodass die Diagnose von Stärken und Schwächen der Schülerinnen und Schüler mit LRS unabdingbar ist, wenn sie im Unterricht integriert werden sollen. Vor dem Hintergrund der in Kapitel 1 beschriebenen, unterschiedlichen Definitionen muss daher immer wieder berücksichtigt werden:

> Contrary to the beliefs of many, once a reading difficulty is identified, a diagnosis of dyslexia offers little or no further benefit for guiding the nature of any intervention. ... In respect of pedagogy, however, the crucial task is to identify the individual's particular strengths and weaknesses and address these directly. (Elliott/Grigorenko 2014: 165)

3.1 Symptomatik und Komorbiditäten

Aufgrund der Schwierigkeiten hinsichtlich der Kapazität und Verarbeitung im Arbeitsgedächtnis muss insbesondere davon ausgegangen werden, dass aufmerksamkeitsintensive Tätigkeiten Lernende vor Herausforderungen stellen. Das phonologische Rekodieren in der Fremdsprache beim Lesen, Vokabellernen bzw. auch die parallele Aufnahme zahlreicher Informationen durch Hörverstehensübungen müssen methodisch entlastet und unterstützt werden. Die herabgesetzte Aufmerksamkeitskapazität beeinflusst ebenfalls den Einsatz (meta-)kognitiver Strategien wie beispielsweise das Planen und strukturierte Bearbeiten von Aufgaben negativ. Lernende mit LRS benötigen daher deutlich mehr Strukturierung als Nicht-Betroffene.

In Bezug auf konkrete schriftsprachliche Leistungen zeigen sich beim Lesen folgende Schwierigkeiten:

- deutlich herabgesetzte Lesegeschwindigkeit,
- lautierendes, stockendes Lesen,
- kurze (einsilbige) Wörter werden einfacher gelesen als zwei- und mehrsilbige (Arbeitsgedächtnis).

Neben möglichen graphomotorischen Schwierigkeiten, die Schülerinnen und Schüler zeigen können, welche dann in einem schwachen Schriftbild resultieren (s. u.), gibt es keine „typischen" LRS-Fehler. Insgesamt werden in allen möglichen Bereichen deutlich mehr Fehler produziert im Vergleich zu gleichaltrigen, nicht betroffenen Schülerinnen und Schülern (vgl. Reimann 2014). Dennoch lassen sich Fehlerarten in den Fremdsprachen auf die Ursachen für Lese-Rechtschreib-Schwierigkeiten zurückführen.

Mythos „Buchstabendreher"

Von „typischen LRS-Fehlern" zu sprechen, würde implizieren, dass Lernende ohne LRS diese nicht produzieren. Das Gegenteil ist der Fall: Die häufig als typisch angenommenen Buchstabendreher finden sich im Prozess des Schriftspracherwerbs bei allen Schülerinnen und Schülern (vgl. Dehaene et al. 2010). Verfestigt hat sich jedoch der Irrglaube, dass ähnlich aussehende Buchstaben wie z. B. „b" und „d" oder „w" und „m" vertauscht würden. Auch das mag im Primarbereich noch passieren, ist aber keineswegs charakteristisch:

> Dieses Vertauschen basiert auf der von der Wissenschaft stark bezweifelten Annahme, dass visuelle Verarbeitungsstörungen ursächlich für LRS sind. Dabei basiert der Buchstabendreher nämlich auf einer Missinterpretation: Zwar existieren Buchstabendreher, allerdings sind es keine *visuellen* „Dreher“, sondern lautliche Verwechslungen. Buchstaben wie „b“ und „p“ werden verwechselt, da sie sich phonetisch ähneln, aber eben auch „optisch“ sehr unterschiedliche Buchstaben wie „t“ und „d“, was ein Indiz dafür ist, dass die Fehler nicht auf visuellen Wahrnehmungsschwierigkeiten beruhen.

Weitere Schwierigkeiten

Häufig gemeinsam mit LRS genannt werden ADS oder ADHS, dabei besteht kein kausaler Zusammenhang zwischen ihnen, sie treten unabhängig voneinander häufig gemeinsam auf (vgl. Raberger/Wimmer 2003). Schwierigkeiten im Verfeinern feinmotorischer Fähigkeiten, welche für das handschriftliche Schreiben vonnöten sind, treten nicht selten gemeinsam mit LRS auf, gelten dann in der Regel aber als entwicklungspsychologische Verzögerungen, welche im Vergleich mit dem Rest der Klasse zum Vorschein treten.

Betrachten Sie die folgende Schriftprobe in Abbildung 3: Welche Schwierigkeiten beim (Recht-)Schreiben in der Fremdsprache können Sie anhand der Schriftprobe bereits ausmachen?

Eng mit der Aufmerksamkeitsproblematik verbunden sind Schwierigkeiten für Lernende sich nicht nur zu konzentrieren, sondern auch sich zu organisieren bzw. strukturiert zu arbeiten. Lernende mit LRS haben folglich

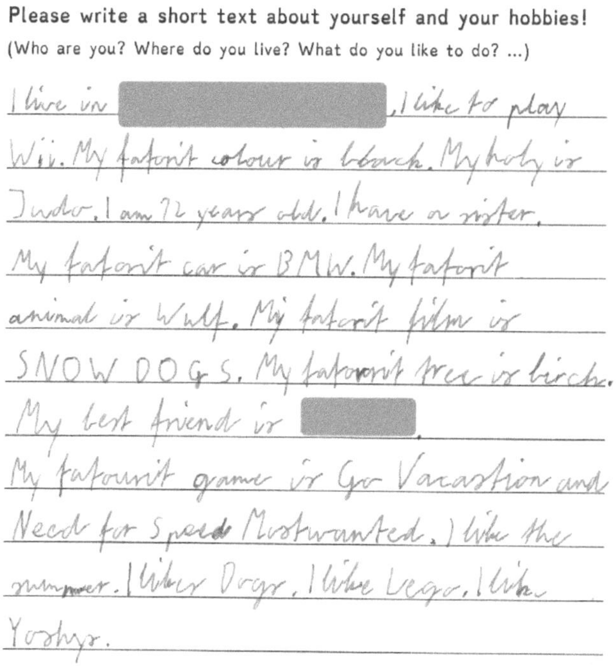

Abb. 3: Schriftprobe Englisch (Gerlach 2013: 189; graue Flächen dienen der Anonymisierung)

Probleme beim Ausführen exekutiver Funktionen, d. h. der aktiven Selbstregulierung oder im metakognitiven Sinne zur Überwachung des eigenen Handelns (und Lernens).

Eine mittelfristig entstehende Begleitsymptomatik aufgrund der wiederholten Misserfolge können Schulangst, Motivationsverlust sowie emotionale Probleme sein, die bis hin zu dissozialem Verhalten reichen. Ein Motivationsverlust bzw. Angst vor dem Produzieren sprachlicher Produkte sind insbesondere für den späteren Fremdsprachenunterricht bedeutsame Kriterien, gilt doch Motivation als einer der wichtigsten Faktoren für erfolgreiches Fremdsprachenlernen.

exercise Wie stellen Sie in Ihrem Unterricht sicher, dass er für alle Schülerinnen und Schüler motivierend ist?

Der Mythos der „Fremdsprachenlegasthenie"

Es ist ein noch weit verbreiteter Mythos, dass es LRS geben kann, die spezifisch nur in einer Fremdsprache (also nur in Englisch, aber z. B. nicht in Französisch) oder nur in der Fremdsprache, aber nicht in der Muttersprache vorkommen können. Dies ist in vielerlei Hinsicht widerlegt worden (vgl. z. B. Sparks/Ganschow 2001, Sparks et al. 2006). Vielmehr konnte man das Konstrukt der Sprachlerneignung heranziehen, das neben Motivation als einer der bedeutendsten Erfolgsfaktoren für das Fremdsprachenlernen gilt (vgl. Schlak 2008, Ellis 2004), um zu zeigen, dass phonologische und orthographische Rekodierungsfähigkeiten in allen Sprachen, die das Individuum beherrscht oder lernt (L1, L2 und L3) ähnlich ausgeprägt sind. Hat ein Lerner/eine Lernerin also bereits schwache phonologische Rekodierungsfähigkeiten in der Muttersprache, wird sich das in der Regel auch auf alle zu lernenden Fremdsprachen auswirken.

Gleichzeitig muss man feststellen, dass das Konstrukt der Sprachlerneignung (ähnlich wie die Intelligenz) im Gegensatz zu Annahmen im vergangenen Jahrhundert nicht mehr als statisch angesehen wird, sondern als durchaus fluide und damit förderbar. Es gibt daher Hinweise darauf, dass eine Förderung z. B. von basalen Schriftsprachkompetenzen in der Fremdsprache, die orthographische oder phonologische Rekodierungsfähigkeiten adressieren, auch einen Einfluss haben können auf die Performanz dieser Fähigkeiten in der Muttersprache (vgl. Gerlach 2013 a).

Für die Begrifflichkeit „Fremdsprachenlegasthenie" (*Foreign Language (Learning) Disability*, vgl. Reed/Stansfield 2004) gilt jedoch: Sie gibt es nicht. In der Praxis begegnen uns vielmehr Fälle von „verdeckter LRS" in der Muttersprache, die dann beim Fremdsprachenlernen zu Tage tritt. Solche Schülerinnen und Schüler konnten vorher (z. B. in der Grundschule) Schwierigkeiten durch Kompensationsstrategien verdecken. Noch deutlich seltener ist der Fall, dass LRS in der Muttersprache sehr präsent sind, in der Fremdsprache aber kaum auftreten. Hier liegt die Vermutung nahe, dass zum einen die Motivation zum Fremdsprachenlernen sehr hoch ist und die schwachen Rekodierungsfähigkeiten ausgleicht, ein anderer Faktor könnte eine sehr gute Lehrkraft sein, die viel Wert auf multisensorische Wortschatzarbeit und die Förderung basaler schriftsprachlicher Fertigkeiten auch in der Fremdsprache legt.

Informieren Sie sich über das Konzept der Sprachlerneignung (in der englischsprachigen Literatur in der Regel als *Language (learning) aptitude* bezeichnet. Empfehlenswerte Einführungen bieten die Artikel von Schlak (2008) und Sparks/Ganschow (2001). Welche Teilbereiche werden in Testverfahren zur Sprachlerneignung in der Regel abgeprüft? Welche Relevanz haben diese Bereiche für die Lese- und Schreibkompetenz im fremdsprachlichen Unterricht Ihrer Meinung nach? ex erc ise

3.2 Diagnosekriterien und -verfahren

Mit dem Wissen, dass sich aufgrund der Sprachlerneignung schwache schriftsprachliche Leistungen in der Regel immer auch in den Fremdsprachen zeigen, bieten im Deutschen gängige standardisierte Rechtschreib- und Lesetests eine gute diagnostische Grundlage für LRS in den Fremdsprachen. Zumal es bislang keine verlässlichen und standardisierten Verfahren für (muttersprachlich deutsche) Fremdsprachenlernende gibt. Auf Basis von Schriftproben lassen sich aber zumindest einige Kriterien zusammenstellen, die Anhaltspunkte für LRS in den Fremdsprachen sein können. Diese Kriterien können am einfachsten mit der naheliegendsten Vergleichsgruppe – nämlich den anderen Schülerinnen und Schülern in der Klasse – in Verbindung gesetzt werden.

In Bezug auf Fehlerarten lässt sich Folgendes festhalten:

- deutlich höhere Fehlerzahl;
- dasselbe Wort wird in einem Text auf verschiedene Weisen geschrieben bzw. richtig und falsch;
- überproportional mehr (eindeutige) Rechtschreibfehler als andere Fehlerarten;
- auffällig häufig werden Buchstaben zu Wörtern hinzugefügt oder weggelassen (Übergeneralisierungen, Beispiel Englisch: **whent* statt *went* ausgehend von *when*);
- fremdsprachliche Wörter werden lautsprachlich „eingedeutscht“;
- Wortauslassungen im Satz;
- besonders bei älteren Schülern (ab Klasse 8/9): Sprachlicher Ausdruck und Einsatz grammatischer Formen entspricht nicht dem Klassendurchschnitt.

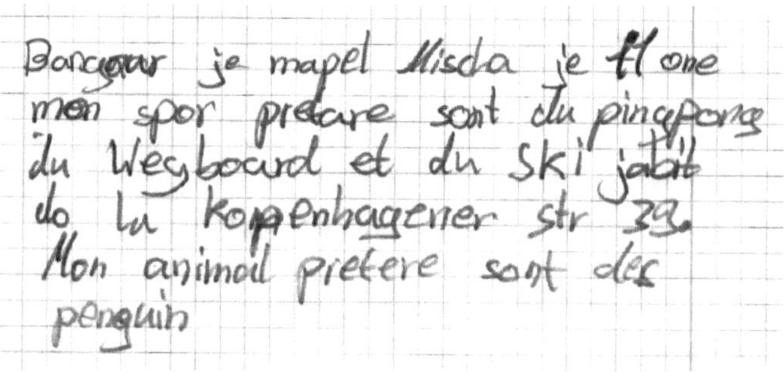

Abb. 4: Schriftprobe Französisch

Dies sind die Besonderheiten bezogen auf das Schriftbild, welche Indikatoren für LRS sein können:

- schlechteres Schriftbild;
- Rand oder Zeilenlinierungen werden nicht eingehalten;
- es wird nicht zum Rand geschrieben;
- Buchstaben werden verschieden groß geschrieben;
- Probleme von der Tafel abzuschreiben.

Neben fremdsprachenspezifischen Aspekten, die in den folgenden Kapiteln noch stärker berücksichtigt werden, sind dies alles lediglich indikatorartige Beobachtungsschwerpunkte, die auf Basis von schriftsprachlichen Produkten angewendet werden können und LRS in ihrer weiten Definition vermuten lassen.

Im außerschulischen Bereich werden in der Regel standardisierte Lese- und Rechtschreibtests durchgeführt (flankiert von einer Erhebung der Familien- und individuellen Schulgeschichte), welche genauer erheben können, auf welchem Stand Schülerinnen und Schüler im Vergleich zu gleichaltrigen Peers stehen. Standardisierte Tests ermitteln dabei die Performanz mit einem T-Wert oder einem sogenannten Prozentrang, der angibt, auf welcher Stufe der/die betroffene Schüler/in steht im Verhältnis zu einer entsprechend großen Vergleichsgruppe. Ein Beispiel: Ermittelt ein standardisiertes Verfahren einen Prozentrang von 10, zeigen 90 Prozent der Vergleichsgruppe bessere Leistungen, bei einem Prozentrang von 23 sind es 77 Prozent. Basierend auf standardisierten Deutschtests, die viele Schulen mittlerweile z. B. zu Beginn der 5. Klasse durchführen, lassen sich in einem gewissen Maße auch die schriftsprachlichen Leistungen in der Fremdsprache voraussagen (Sprachlerneignung). Eine multiaxiale Diagnostik auf einer höchst individuellen Ebene, die auch im förderdiagnostischen Sinne das individuelle Begabungsprofil und die Stärken der betroffenen Lernenden ermittelt, ist in der Schule unter aktuellen Bedingungen nicht leistbar. Hierfür bedarf es einer inklusiv und multiprofessionell gedachten Diagnose und Förderung, welche mittels kooperativer Strukturen in Schule und Unterricht eingebracht werden muss (vgl. Kapitel 4.2).

Nicht selten sind für die Diagnostik je nach Bundesland auch Schulpsychologen zuständig (siehe Schulrecht bzw. LRS-Erlasse der jeweiligen Länder). Auch eine umfassende Bewertung durch lerntherapeutische Einrichtungen kann Empfehlungen für die Förderung in Fremdsprachen (und der Muttersprache) liefern.

4. Besonderheiten von LRS im Fremdsprachenunterricht

Es herrscht weitestgehend Konsens darüber, was Bestandteile einer Förderung bei LRS sein sollten (vgl. auch Galuschka et al. 2014, Costard 2007):

- Training der phonologischen Bewusstheit,
- strukturiertes und explizites Training von Phonem-Graphem-/Graphem-Phonem-Korrespondenzen *(phonics)*,
- silbenorientiertes Training,
- orthographisches Regeltraining,
- Verbesserung der lexikalisch-ganzheitlichen Worterkennung.

Diese Schwerpunkte lassen sich in die Fremdsprachenförderung übertragen und jeweils den fremdsprachenunterrichtlichen Gegenständen anpassen. Allerdings zeigen sich weitere Herausforderungen aufgrund potentieller, fremdsprachenspezifischer Schwierigkeiten, die nachfolgend überblicksartig vorgestellt werden sollen, bevor in den nächsten Kapiteln methodisch-didaktische Empfehlungen dargestellt werden.

Für den Fremdsprachenunterricht liegen im deutschsprachigen Raum bislang nur wenige konkrete Empfehlungen zum methodisch-didaktischen Umgang vor. Die meisten finden sich für die Fremdsprache Englisch (vgl. Gerlach 2013 a/2017/2018 b), aber auch für die romanischen Sprachen ist in den letzten Jahren ein Zuwachs erkennbar (vgl. Mendez 2013, Reimann 2014, Engelen 2016, Schwarz 2017). Ebenso liefert die internationale Forschung einige

Erkenntnisse hinsichtlich des Fremdsprachenlernens und LRS (vgl. z. B. Sparks et al. 2006, Kormos/Kontra 2008, von Suchodoletz 2007).

Darüber hinaus gibt es mittlerweile mehrere empfehlenswerte Ratgeber für Lehrkräfte und Eltern sowie Materialsammlungen, welche im Anhang überblicksartig vorgestellt werden.

Unwirksame Konzepte zur LRS-Förderung

Im Feld der Lese-Rechtschreib-Schwierigkeiten gibt es auch zahlreiche Methoden und Konzepte, deren Wirksamkeit bislang (bis auf vereinzelte Placebo-Effekte) nicht nachgewiesen werden konnte (vgl. z. B. von Suchodoletz 2004 sowie Galuschka et al. 2014). Dazu gehören (unter anderem):

- der Einsatz von Farbfolien („Irlenfolien"),
- Training rein auditiver Verarbeitung,
- medikamentöse Behandlung (z. B. mit Ritalin und/oder Homöopathie/Bachblüten),
- isoliertes Training der auditiven/visuellen Wahrnehmung,
- Training des dynamischen Sehens,
- Training der Blicksteuerung und Prismenbrillen,
- Training der Händigkeit,
- hemisphärenspezifisches Training (*BrainGym* oder Edu-Kinestetik),
- psychomotorisches Training und taktilkinästhetische Methode,
- Davis-Methode,
- Neurolinguistisches Programmieren.

Die Unwirksamkeit dieser Ansätze ist jeweils immer vor dem Hintergrund der Symptomatik „schwache Lese-/Schreibkompetenz" zu sehen. Teilweise werden beispielsweise in außerschulischer Lerntherapie auf Elternwunsch alternative Methoden eingesetzt, welche dann jedoch nicht explizit mit dem Ziel der Rechtschreib- oder Leseverbesserung bewertet werden sollten, sondern im Zusammenhang eines ganzheitlichen, auch psychisch unterstützenden Therapieansatzes.

4.1 Besondere Schwierigkeiten in Fremdsprachen

Im Fremdsprachenunterricht zeigen sich im Allgemeinen die folgenden Schwierigkeiten in besonderem Maße (vgl. Romonath 2006/Gerlach 2013 a):

- Probleme beim Befolgen mündlicher Instruktionen und Beantworten von Fragen in der Fremdsprache;
- Probleme beim Verstehen und Anwenden von Satzstrukturen;
- eine große Anzahl von Rechtschreibfehlern in Texten und Vokabeltests (gleiche Wörter werden in einem Text auch auf unterschiedliche Art und Weise geschrieben);
- auffällig höhere Häufigkeit von Fehlern im Vergleich zu anderen Schülerinnen und Schülern;
- Schwierigkeiten bei der Aussprache;
- Schwierigkeiten in der Differenzierung von ähnlichen Lauten;
- begrenztes Vokabular (evtl. aufgrund von Verarbeitungsschwierigkeiten im Arbeitsgedächtnis);
- große Probleme mit Wörtern, die dem Deutschen sehr ähnlich sind;
- Schwierigkeiten bei der lautlichen Segmentierung von Wörtern (d. h. in der Sprachbewusstheit);
- Schwierigkeiten bei der Buchstaben-Laut-Zuordnung;
- Langsamerer Zugriff auf das Langzeitgedächtnis.

Während für die Muttersprache den Lernenden nicht selten die Sinnhaftigkeit von Schriftsprache z. B. vor dem Hintergrund ihrer Alltagskommunikation oder formaler Informationserschließung nähergebracht werden muss, ist die Bedeutung von Schriftsprache im Fremdsprachenunterricht noch einmal prekärer: Oft wird im kommunikativen Fremdsprachenunterricht zu Ungunsten von Lesen und Schreiben ein starker Fokus auf mündliche Kommunikation gelegt. Daher müssen auch im Fremdsprachenunterricht – neben der Förderung von Sprechen und Hörverstehen – Gelegenheiten gefunden werden, um auf basaler Ebene auf die Bedeutung der Schriftsprache aufmerksam zu machen.

Daneben herrscht nicht selten noch der Mythos vor, dass der Einsatz von Schriftsprache im fremdsprachlichen Grundschulunterricht das Lernen der Fremdsprache oder den Schriftspracherwerb negativ beeinflussen würde. Untersuchungen deuten jedoch eindrücklich darauf hin, dass der Einsatz von Schriftsprache z. B. im Primar-Englischunterricht eher lernförderlich ist (vgl. Konza et al. 2010) – und zwar auch bzw. ganz besonders für schwache Lernende.

Orthographische Komplexität

Neben allgemeinen Schwierigkeiten, die von schwachen schriftsprachlichen Kompetenzen herrühren, kann auch die Zielsprache an sich in ihrer Komplexität Herausforderungen mit sich bringen. Diese sind in erster Linie in Bezug auf die orthographische Komplexität zu sehen:

> Das Englische weist 21 Konsonanten und fünf Vokale auf, aus denen sich ca. 44 Phoneme entwickelt haben, die in 1500 verschiedenen Möglichkeiten schriftlich dargestellt werden können (vgl. Goswami 1995).

Ein Beispiel: In den folgenden Wörtern finden Sie jeweils den Laut /i:/ – und zwar immer anders geschrieben: *see, ceiling, he, believe, mean.*

Wenn das Verhältnis von Lautung und Schreibung – wie im Englischen – sehr weit auseinandergeht, spricht man von einer intransparenten Orthographie: Laut (Phonem) und seine symbolische Repräsentation als Buchstabe oder Buchstabenkombination (Graphem) haben keine direkte Passung bzw. es gibt mehr Varianz auf der einen oder anderen Seite.

Die europäischen Sprachen variieren sehr stark in Bezug auf ihre orthographische (In-)Transparenz (vgl. Brunswick 2010): Während das Englische deutlich intransparent ist, bewegt sich das Deutsche ungefähr im Mittelfeld – hier kann also auch nicht „lautgetreu" unmittelbar verschriftet werden. Etwas lautgetreuer als das Deutsche sind das Französische (wobei hier häufig ein höheres grammatikalisches Abstraktionsvermögen verlangt wird, wenn es bspw. um Konjugationen geht, bei denen Endungen nicht gesprochen werden) und das Spanische. Fast vollkommene Transparenz findet sich im europäischen Sprachenraum im Italienischen – die meisten Phoneme haben hier eine Entsprechung als Graphem und umgekehrt (wobei natürlich noch Ausnahmen herrschen).

Ähnlich und in Ergänzung zur bereits schon vorgestellten *Grain size theory* haben Katz und Frost (1992) die *Orthographic depth hypothesis* formuliert: Sie besagt, dass sich die Lesenden in transparenteren („flacheren") stärker auf die phonologische Entschlüsselung konzentrieren, während in intransparenteren („tieferen") Orthographien stärker die morphologische Ebene berücksichtigt wird. Möglich ist aber auch ein Zusammenspiel beider Entschlüsselungsebenen, obwohl Ziegler und Goswami (2006) so weit gehen zu formulieren, dass das Zwei-Wege-Modell des Lesens von Coltheart (1978) möglicherweise nur für die intransparente englische Orthographie Gültigkeit haben könnte.

check Einen lesenswerten, umfassenden Überblick über die Rolle orthographischer Komplexität in verschiedenen Sprachen im Hinblick auf LRS liefern Borleffs et al. (2018).

Schwierigkeiten beim Lesen

Fremdsprachenlernende mit LRS lesen deutlich langsamer, was auch in der Muttersprache beobachtbar ist. Oberflächlich betrachtet könnte man daher meinen, dass beim Lesen in der L1 und L2 kaum Unterschiede bestehen, sind doch die rein kognitiv ablaufenden Prozesse (z. B. im Arbeitsgedächtnis) durchaus ähnlich. Allerdings sind insbesondere Wortschatz, (sprachliches) Vorwissen und lesestrategische Fragen (siehe Kapitel 5) relevant, wenn es um die Lesekompetenz in der Fremdsprache geht. Diese Unterschiede lassen sich in drei Kategorien einordnen (angepasst nach Grabe und Stoller 2011: 54 f.; eigene Übersetzung):

- Sprachliche/linguistische Besonderheiten und Verarbeitungsunterschiede:
  - unterschiedliches lexikalisches, grammatisches und diskursives Wissen zu Beginn des Lesens in L1 und L2;
  - verstärkte metalinguistische und metakognitive Bewusstheit in L2-Unterricht/Umgebungen;
  - variierender Grad an Unterschieden in beiden Sprachen;
  - variierende L2-Fertigkeiten als Grundlage für das Lesen in der L2;
  - variierender Sprachtransfer je nach (linguistischer/sprachhistorischer) Nähe der Sprachen;
  - Interaktion und gegenseitige Beeinflussung von L1 und L2 als parallel nutzbare Konstrukte.

- Individuelle Unterschiede:
  - unterschiedliche Niveaus von Lesekompetenz in L1;
  - unterschiedliche Motivationslage bzgl. des Lesens in der L2;
  - unterschiedliche Exposition von Lesetexten in der L2;
  - unterschiedliche Textformen in L2-Unterricht/Umgebungen im Vergleich zu L1-Kontexten;
  - unterschiedliche sprachliche Ressourcen für das Lesen in der L2.

- Soziokulturelle und institutionelle Unterschiede:
  - unterschiedliche soziokulturelle Hintergründe der L2-Leserinnen/Leser;
  - unterschiedliche Arten der Diskursorganisation und der Textgestaltung in L1 und L2;
  - unterschiedliche Erwartungen der Bildungseinrichtungen hinsichtlich der Leseziele in der L2.

Wenn Lese- und Schreibförderung im Fremdsprachenunterricht durchgeführt werden sollen, muss in gewissem Maße eruiert werden, ob schwache schriftsprachliche Leistungen in der Fremdsprache neben LRS in der Muttersprache nicht auch aufgrund eines schwächeren Einsatzes (meta-)kognitiver Strategien oder mangelnder sprachlicher Ressourcen (im Transfer) auftreten.

Schwierigkeiten beim Schreiben

Neben graphomotorischen Schwierigkeiten (Feinmotorik und Stifthaltung), welche zu einem schwachen Schriftbild führen und damit ein erster Indikator für LRS sein können, ist insbesondere die hohe Fehlerzahl auffällig. Meist liegen diese Fehler im Bereich der Buchstaben-Laut-Zuordnung, die auch bedingt durch die Muttersprache oder durch Übergeneralisierungen in der Fremdsprache entstehen können. In der folgenden Schriftprobe (vgl. Gerlach 2017) ist die Graphomotorik nicht auffällig negativ. Allerdings zeigen sich durchaus charakteristische Fehlerarten, die auf Ursachen von LRS zurückgeführt werden können.

Betrachten Sie die folgende Schriftprobe, bevor Sie weiterlesen. Was kann die Schülerin schon? Womit hat sie offenbar große Schwierigkeiten beim (Recht-)Schreiben?

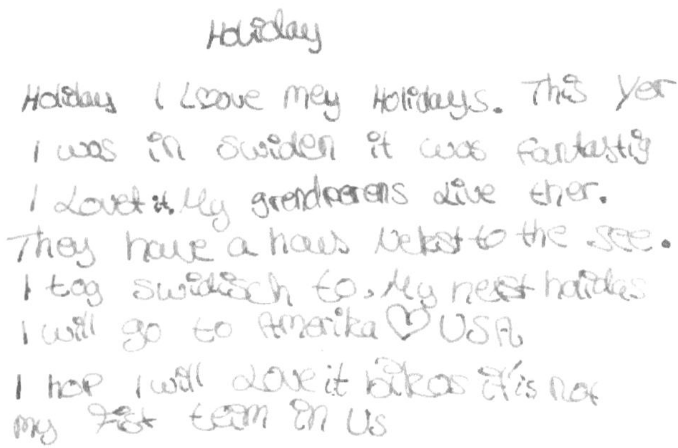
Holiday

Holiday I Loove mey Holidays. This yer
I was in swiden it was fantastig
I Love it. My grendperens live ther.
They have a haus nekst to the see.
I tog swidisch to. My nest holides
I will go to Amerika ♡ USA
I hop I will love it bikos it's not
my fest teim in US

Abb. 5: Schriftprobe Englisch (Gerlach 2017)

Die betroffene Schülerin kann mündlich durchaus gute Leistungen zeigen, wie auf Basis einer „lautlichen" Interpretation der Schriftprobe erkennbar sein dürfte. Allerdings verschriftet sie die englische Sprache recht eingedeutscht (**Nekst*, **swidisch*, **haus*, **teim*), Grapheme, die keine Entsprechung als Laute haben, werden nicht verschriftet (**ther*). Sie produziert typisch deutsche Fehler in der Aussprache wie die Auslautverhärtung (**fantastig* und **lovet*), verschriftet diese Aussprachefehler allerdings „korrekt". Die korrekte Großschreibung scheint nicht automatisiert bzw. lässt sich auch nicht auf Regeln der deutschen Muttersprache zurückführen, wenn Präpositionen wie **Nekst* ebenfalls kapitalisiert werden. Vermutlich aufgrund der herabgesetzten Arbeitsgedächtniskapazität, werden dieselben Wörter im Text auf verschiedene Weise geschrieben: Da der Abruf nicht automatisiert stattfindet, müssen die Wörter immer wieder neu rekodiert werden.

Schwierigkeiten in anderen Kompetenzbereichen

Aufgrund der teils mannigfaltigen Ursachen für LRS zeigen betroffene Schülerinnen und Schüler nicht nur im Lesen und Schreiben entsprechende Schwierigkeiten, sondern auch in anderen Kompetenzbereichen des Fremdsprachenunterrichts. So machen sie z. B. in Bezug auf Grammatik „die gleichen Fehler wie alle anderen Schüler, nur unterlaufen diese ihnen über einen längeren Zeitraum und in größerer Zahl" (Sellin 2008, S. 69). Auch für das Vokabellernen muss aufgrund der heruntergesetzten Arbeitsgedächtniskapazität mit deutlich mehr Wiederholungen gerechnet werden, um im Vergleich zu Nicht-Betroffenen dieselbe Menge zu erlernen – und dann ist noch lange nicht sichergestellt, dass diese Informationen beim Wieder-Abruf ebenfalls korrekt im Sinne richtiger Phonem-Graphem-Korrespondenzen beim Schreiben produziert werden.

4.2 Inklusive Lese- und Schreibdidaktik in Fremdsprachen

Fragen und Herausforderungen inklusiver Bildung machen auch vor dem Fremdsprachenunterricht nicht halt. Und obwohl LRS nicht unmittelbar den sonderpädagogischen Förderbedarfen zuzurechnen sind, sind sie unter einem weiten Inklusionsbegriff, der sich allgemeiner mit Möglichkeiten der Individualisierung und der Begegnung mit Heterogenität beschäftigt, natürlich überaus relevant.

LRS stellen im Zusammenhang mit Inklusion keinen unmittelbaren Förderbedarf dar. Gleichzeitig muss allerdings berücksichtigt werden, dass viele Lernende in den sonderpädagogischen Förderschwerpunkten „Lernen" und „Sprache" einen erschwerten oder verzögerten Schriftspracherwerb mitmachen, der sich folglich auch in LRS – selbst wenn dann aus möglicherweise anders gelagerten Ursachen – äußern kann. Darüber hinaus sind dann schulrechtliche Fragen von Nachteilsausgleich und Notenschutz in ihren länderspezifischen Ausgestaltungen zu berücksichtigen (vgl. Kapitel 7).

Herausforderungen inklusiver Pädagogik

Der Fremdsprachenunterricht wird nicht selten als Chance gerade für Inklusion gesehen, da seine Themen und das Ziel der Förderung interkultureller kommunikativer Kompetenz sich das „genuin Fremde" zu Nutze und reflektierbar machen. Dennoch müssen zahlreiche sprachliche Fertigkeiten erst auf- und ausgebaut werden, bevor über Differenz auch in fremdsprachendidaktischer Hinsicht produktiv diskutiert werden kann. Es müssen folglich Wege gefunden werden, um insbesondere sprachkompetenzbezogene Unterschiede zunächst differenziert diagnostizieren und fördern zu können, damit mit ihnen produktiv im Unterricht umgegangen werden kann. Dabei spielen sowohl unterrichtliche Rahmenbedingungen als auch die Unterrichtsplanung eine bedeutende Rolle.

Unterrichtliche Rahmenbedingungen

Ohne dass hier umfassend auf nötige Rahmenbedingungen für inklusive Bildung eingegangen werden kann, zeigt sich, dass insbesondere auf vier Ebenen Voraussetzungen herrschen müssen:

- **Räumliche Ebene**: Die Gestaltung des Klassenraums muss in inklusiven Settings die Chance bieten, dass Lernende sich zurückziehen bzw. differenziert arbeiten können (z. B. auch unter Zuhilfenahme unterstützender Medien).
- **Diagnostische Ebene**: Um die Fähigkeiten und Fertigkeiten von Lernenden kompetenzorientiert berücksichtigen zu können, bedarf es einer differenzierten Diagnose ihrer Sprachkompetenzen. Hierfür sind verschiedene Formen des Assessments möglich, im Zusammenhang mit LRS müssen insbesondere die Schriftsprache betreffende Kriterien (siehe Kapitel 3) berücksichtigt werden.
- **Materialebene**: Differenzierung und Adaptierung von Übungs- und Arbeitsmaterial wird nur dann möglich, wenn Material in verschiedenen Schwierigkeitsgraden oder mit integrierten Differenzierungsoptionen vorhanden ist.
- **Didaktisch-methodische Ebene**: Die didaktisch-methodische Differenzierung (über Materialien oder sprach-

liche bzw. thematische Komplexität) berücksichtigt das Prinzip der Arbeit am „Gemeinsamen Gegenstand" (vgl. Feuser 1989), sodass alle Schülerinnen und Schüler in variierenden Graden am Unterrichtsthema teilhaben und gemäß ihren Möglichkeiten etwas beitragen können, beispielsweise zu anzufertigenden Produkten.

- **Personelle Ebene**: Zuletzt gilt es, im Zusammenhang mit Inklusion auch die personelle Ebene zu berücksichtigen, da nur in multiprofessionellen Teams, denen Zeit und Raum für Austausch und gemeinsame Planung gegeben wird, Unterrichtsentwicklung im Sinne der Berücksichtigung von Heterogenität fruchtbar stattfinden kann. Von der Expertise, die die verschiedenen Professionen mitbringen, können alle Seiten (und letztlich besonders die Lernenden) profitieren und sich auch gegenseitig entlasten.

Unterrichtsplanung und Aufgabengestaltung

Die oben skizzierte didaktisch-methodische Ebene kann insbesondere hinsichtlich der Unterrichtsplanung entlang eines Gemeinsamen Gegenstandes erreicht werden. Der mittlerweile weitverbreitete Ansatz der Aufgabenorientierung (*Task-based Language Teaching*) erlaubt das Planen einer Lernaufgabe unter Berücksichtigung verschiedener Kompetenzen und Unterstützungsangebote (*Scaffolding*), die auch vor dem Hintergrund der Förderung (oder Entlastung) schriftsprachlicher, d. h. textlicher Elemente gesehen werden kann.

Im Sammelband *Inklusiver Englischunterricht* (Roters et al. 2018) findet sich ein Unterrichtsplanungsmodell, das die oben beschriebenen Prinzipien zu vereinen vermag. Gleichzeitig muss bei komplex konzipierten Unterrichtseinheiten auch immer eine mögliche kognitive Überlastung (*Cognitive Load Theory*) berücksichtigt werden, was im Sammelband im Kontext von TBLT ebenfalls kritisch betrachtet wird (vgl. Blume et al. 2018).

Kooperation mit außerschulischen Förderkräften

Im außerschulischen Feld hat sich die integrative Lerntherapie in den letzten zwanzig Jahren deutlich professionalisiert. Mittels zahlreicher Qualifizierungsangebote und Zertifikate, die die Qualität der Ausbildung bestätigen, ist im außerschulischen Bereich Expertise entstanden, die in Kleingruppen- oder Einzelförderung auf Basis individueller Testungen arbeiten kann, wie es in der Schule kaum möglich ist. Dennoch könnte eine zunehmende Öffnung der Schule z. B. durch Inklusion es ermöglichen, dass Lerntherapeutinnen und Lerntherapeuten auch in Schulen tätig werden und Lehrkräfte entlasten. Mindestens bietet es sich aber an, dass die Schule und ihre Lehrkräfte mit Förderkräften vor Ort kooperieren: Dies kann auf der Ebene des Austauschs über in Lerntherapie geförderte Schülerinnen und Schüler sein oder aber auf der Ebene eines professionellen Austauschs oder Fortbildungen innerhalb des Kollegiums.

Die kostenfreie Online-Fortbildung alphaPROF hat zum einen zum Ziel, Lehrkräfte für das Thema LRS (in allen Fächern) zu sensibilisieren, aber auch, die Kooperation mit außerschulischer Lerntherapie (und damit einhergehend die Entlastung der Lehrkräfte in der Schule) voranzutreiben. Informationen: www.alphaPROF.de/inklusion

5. Leseförderung

Viele der in diesem und im folgenden Kapitel vorgestellten, methodisch-didaktischen Grundlagen erfolgreicher Lese- und Schreibförderung mit lernschwachen Schülerinnen und Schülern basieren auf einschlägigen Erkenntnissen aus dem internationalen und dem nationalen Raum (vgl. z. B. Engelen 2016, Gerlach 2017) sowie auf eigenen Untersuchungen (vgl. Gerlach 2013 a), laufender Forschung und Erkenntnissen aus der Deutschdidaktik. Die in Kapitel 4 im Zusammenhang mit der Diagnostik vorgestellte Sprachlerneignung erlaubt es, die Prinzipien erfolgreicher deutscher Interventionsprogramme auf den Fremdsprachenunterricht zu übertragen. Im weiteren Verlauf finden sich daher häufiger auch Literaturhinweise, die dazu einladen sollen, die jeweiligen Empfehlungen oder methodischen Ansätze zu vertiefen.

5.1 Basale Förderung von Leseflüssigkeit

Die amerikanischen Leseforscher Pikulski und Chard (2005) schreiben, „fluency can form a bridge to reading comprehension“ (ebd.: 510). Damit gilt die basale Fertigkeit, einen Text flüssig lesen zu können, mittlerweile als eine kritische Voraussetzung für höhere Leseverstehensprozesse, die sich logisch anschließen – und zwar auch in der Fremdsprache (vgl. Nassaji 2013). Nach Rosebrock/Nix (2017: 37) besteht die Leseflüssigkeit aus vier beschreib- und förderbaren Einzelkomponenten:

- Genauigkeit des Dekodierens,
- Automatisierung der Dekodierfähigkeit,
- Lesegeschwindigkeit,
- Fähigkeit zum ausdrucksstarken Vorlesen.

Um ein Wort dekodieren zu können, müssen Lernende alphabetische Prinzipien der Zielsprache verstanden haben und – im Optimalfall – derart automatisiert abrufen können, dass Wörter direkt erkannt und (laut vor-)gelesen werden können. Der Grad dieser Automatisierung hängt wiederum stark mit der Lesegeschwindigkeit zusammen, wobei ein kognitiv begrenzender Faktor wiederum die Arbeitsgedächtniskapazität sein kann (s. Kapitel 2). Kompetente Leser/innen können, da sie die drei ersten Teilkomponenten in der Regel gut beherrschen, auch ausdrucksstark und mit Betonung vorlesen. Sie erkennen semantische und syntaktische Marker, die bereits basale Hinweise auf die Bedeutungsebene des Textes geben (Leseverstehen; siehe unten). Da die Leseflüssigkeit den „kognitive[n] Leseprozess auf der Wort- und Satzebene entlastet, sodass die Leser ihre mentalen Ressourcen nahezu vollständig für das Verständnis der gelesenen Texte aufwenden können“ (Rosebrock et al. 2011: 20), muss Leseflüssigkeit zwingend Teil von Leseförderung sein.

Als Vorläufer von Lese- bzw. Textverständnis, welches sich aus einem Sprach- und Weltwissenspeicher erschließt (s. Abbildung 6), müssen zum flüssigen Lesen fünf Prozesse ablaufen: eine Graphem-Phonem-Zuordnung, die Worterkennung, eine morpho-syntaktische Analyse zur Identifierung der Funktion im Satz, dem Erfassen eventueller Diskursmerkmale sowie die individuelle Konstruktion einer Proposition. (Diese unterschiedlichen Stufen können (bei geübten Leser/innen) teilweise auch gleichzeitig oder sehr schnell dekodiert werden.)

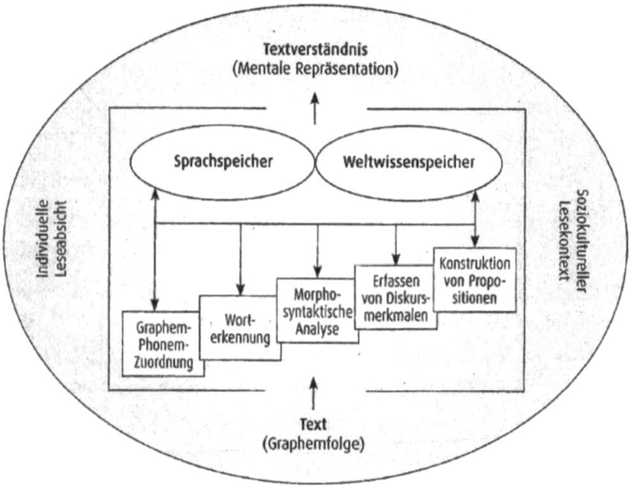

Abb. 6: Modell des Leseprozesses von Diehr/Frisch (2010: 27)

Das Modell verdeutlicht die Bedeutung einer Förderung der fünf basalen Fertigkeiten.

Arbeit mit hochfrequentem Grundwortschatz

Verschiedene Untersuchungen zeigen, dass es sinnvoll ist, wenn Schülerinnen und Schüler über einen basalen Grundwortschatz verfügen, den sie sicher und automatisiert lesen und schreiben können (vgl. Sprenger-Charolles/Colé 2003, Tacke 2011, Gerlach 2013 a). Die Annahme geht dahin, dass insbesondere Anfängertexte in Lehrwerken zu bis zu 80 Prozent aus den 300 häufigsten Wörtern der jeweiligen (Fremd-) Sprache bestehen. Dementsprechend kann man sich korpuslinguistisch ausgewerteter Listen der hochfrequenten Wörter einer Sprache bedienen und diese besonders üben und (über-)lernen lassen, um eine gewisse Basis zu schaffen. Zu diesen Wörtern gehören in der Regel die Artikel, Pronomen, Präpositionen usw. – d. h. selten inhaltstragende Wörter. Gleichwohl werden Lernende mit ihnen überproportional häufig in Texten konfrontiert. Das Ziel des Übens sollte daher sein, diese Wörter schnell benennen zu können. Dies kann z. B. mittels Karteikarten geschehen, bei denen die Wörter kurz gezeigt werden und gelesen werden sollen.

Hier aufgeführt sind exemplarisch die 20 häufigsten Wörter in den jeweiligen Sprachen (zusammengeführt aus verschiedenen korpuslinguistischen Auszählungen; vgl. Gerlach 2013 a/b sowie Projekt *Deutscher Wortschatz*, erreichbar unter: http://cls.corpora.uni-leipzig.de/de):

- **Englisch:** the, of, and, a, in, it, is, to, was, I, for, that, you, he, be, with, on, by, at, have;
- **Französisch:** de, la, le, et, les, des, en, un, du, une, que, est, pour, qui, dans, a, par, plus, pas, au;
- **Spanisch:** que, de, no, a, la, el, es/ser, y, en, lo, un, por, qué, me, una/un, te, los/lo, se, con, para.

Multisensorische Wortschatzarbeit

Während die Existenz bzw. die Sinnhaftigkeit des Berücksichtigens der sogenannten visuellen, auditiven und kinästhetischen Lerntypen mittlerweile widerlegt ist (vgl. Gerlach 2018 a), spricht Einiges dafür, insbesondere schriftsprachlich-basale Inhalte multisensorisch erfahr- und erlernbar zu machen. Hierfür bietet sich insbesondere die Wortschatzarbeit an, wenn sie nach den Prinzipien der *Multisensory Structured Language Education* (MSLE, Farrell/Sherman 2011) erfolgt (vgl. auch Sparks et al. 1991, Kelly & Phillips 2016).

> Damit ist ein Unterricht gemeint, der
> - hochstrukturiert,
> - nach den Prinzipien der direkten Instruktion,
> - kumulativ vom Einfachen zum Schweren abläuft sowie
> - multisensorische Elemente enthält.
>
> (Gerlach 2015: 9)

Dies lässt sich beispielsweise bei der Einführung bzw. Vorentlastung neuen Wortschatzes nutzen, wenn durch typische Handbewegungen, passende Geräusche, Gestik und Mimik, Imitation und Nachsprechen durch die Lernenden sowie Visualisierungen (auch des Schriftbildes) das Vokabular multisensorisch erfahrbar wird.

> In der außerschulischen Lerntherapie wird häufig in Einzelsettings mit Buchstabenkarten oder Gummi-/Holzbuchstaben gearbeitet, um Wörter zusammenzusetzen oder zu zergliedern.

Wenn es um Vokabellernen hinsichtlich der Wortbedeutung geht, gelten über die basale Wortschatzarbeit hinaus die gängigen Empfehlungen, die sich auch für andere Lernende bewährt haben. Das Anbieten und gezielte Ausprobieren von Vokabellernstrategien wie z. B. die Arbeit mit Wortfeldern, *chunks* sowie verschiedene Merktechniken sollten entsprechend individuell dahingehend evaluiert werden, ob der/die Lernende mit ihnen Erfolge erzielt (vgl. für eine aktuelle Übersicht zur Wortschatzarbeit im Fremdsprachenunterricht: Kötter 2017).

Phonologische Bewusstheit fördern

Neben häufig eingesetzten ganzheitlichen Leseverfahren (insbesondere im frühen Fremdsprachenunterricht), die auf Worterkennung fokussieren, kann auch ein stärker synthetisierendes Leseverfahren (*phonics*; vgl. Frisch 2013) positive Effekte zeigen. Hierbei werden Wörter im Sinne der Teilkompetenzen der phonologischen Bewusstheit in Einzellaute zerlegt, zusammengesetzt, artikuliert und manipuliert, damit Lernende die Beziehung zwischen Laut und Symbol erkennen. Somit werden nachhaltig Graphem-Phonem-Korrespondenzregeln erschlossen und können ggf. auch im Unterricht mit der Muttersprache kontrastiert werden, um (auch orthographische oder Aussprache-)Besonderheiten bewusst zu machen.

Morphologische Bewusstheit fördern

Morphologische Bewusstheit bezeichnet die Kenntnis von Form, Funktion und Bedeutung bestimmter Morpheme. Sie entwickelt sich beim Spracherwerb und Fremdsprachenlernen in der Regel ohne explizite Instruktion, lässt sich aber auch direkt fördern, wenn es z. B. für leseschwache Lernende nötig sein sollte. Zwei Beispiele:

> **Wörter zusammensetzen**
> Den Lernenden werden einzelne Lexeme und Morpheme auf Wortkarten zur Verfügung gestellt, die zusammengesetzt möglicherweise durch Suffigierung oder Präfigierung Wortbedeutung oder -art ändern können. Englische Beispiele für einen solchen Pool an Karten:
> *dis – appear – able – beauty – ly – s – ive – inform – correct – ful – ation – fully – ity – ance*

Die gefundenden Wörter können anschließend mithilfe eines elektronischen Wörterbuchs gesucht und auf ihre Korrektheit überprüft werden. Die derivationalen Prozesse, die teilweise auch Auswirkungen auf die Orthographie haben, können so explizit gemacht werden.

Onset-Rime-Training
Der konsonantische Onset gehört in vielen modernen Fremdsprachen zu den lautlich regelmäßigsten Phonem-Graphem-Korrespondenzen. Parallel weist die Reimbildung bzw. der darauffolgende Silbenreim (Vokal und Konsonant) ebenfalls Regelmäßigkeiten auf, die man unterrichtlich nutzen kann, um Wortschatz zu generieren und morphologische Bewusstheit zu fördern:

- <ake>: cake, take, fake, make, snake, shake;
- <ight>: bright, might, light, right;
- <ime>/<ine>: time, lime, mine, fine.

Zahlreiche Übungsvarianten (z. B. zum schnellen Benennen oder zur Förderung der Identifikation von Phonemen) sind hier denkbar (vgl. auch Schick/Mayer 2013).

Lautleseverfahren *(Paired Reading)*

Zur Förderung der Leseflüssigkeit (aber auch des Leseverstehens; siehe unten) bieten sich Lautleseverfahren an. Diese setzen darauf, dass (kurze) Texte laut bzw. im Klassenraum halblaut zu zweit abwechselnd und wiederholt gelesen werden. Das Ziel ist die mittelfristige Erhöhung der Lesegeschwindigkeit und -flüssigkeit, welche – wie bereits dargelegt – eine Voraussetzung für Leseverstehensprozesse darstellen. Aus dem amerikanischen Raum als *Paired Reading* bekannt, haben Rosebrock et al. (2011) das Übungsverfahren methodisch deutlich ausgebaut und um Diagnose- und Evaluationsverfahren ergänzt, die einfach in den Unterricht integriert und vor allem auch für den Fremdsprachenunterricht adaptiert werden können.

In der Regel werden durchschnittliche/gute Lesende mit schwächeren paarweise zusammengesetzt (idealerweise sind dies im Klassenkontext ohnehin diejenigen Schülerinnen und Schüler, die ohnehin gut miteinander arbeiten können). Der/die lesestarke Schüler/in dient als Modell (Rosebrock et al. nennen diese Lernenden „Trainer"), die leseschwachen Schüler/innen erhalten die Förderung als „Sportler". Das Vorgehen ist grob wie folgt:

1. Buch/Text wird ausgewählt (z. B. sprachniveaugemäß aus entsprechendem Material oder aktuell ohnehin zu bearbeitenden Lehrwerkstexten).
2. Trainer/in liest langsam und laut vor – Sportler/in versucht anhand der wichtigsten Schlagwörter im Text das Lesen des/der Trainers/Trainerin zu verfolgen und den Text inhaltlich zu verstehen.
3. Trainer/in und Sportler/in lesen den Text ein- oder zweimal gemeinsam langsam und (halb)laut.
4. Zuletzt liest der Sportler/die Sportlerin den Text alleine laut vor. Trainer/in verbessert, wenn nötig.
5. Der Inhalt des Gelesenen wird gemeinsam besprochen.

Während andere Paare innerhalb der Lerngruppe bereits nach einem gemeinsamen Lesen (oder ohne die Methode anzuwenden) an Leseverstehensaufgaben arbeiten, hat das Trainer-Sportler-Paar eine effektive Leseflüssigkeitsfördermaßnahme durchlaufen. Falls möglich, kann dieses Vorgehen auch für das gemeinsame Lesen zuhause mit Eltern oder Geschwistern und entsprechend von der Lehrkraft ausgesuchtem, fremdsprachlichen Lesematerial empfohlen werden.

Das Material von Rosebrock et al. (2011) bietet zusätzliche Anregungen und ausdifferenzierte Materialien – insbesondere auch, was die Überwachung und Evaluation des Zuwachses an Lesegeschwindigkeit angeht, welcher relativ einfach durch das Führen von Diagrammen den Lernenden transparent gemacht werden kann.

In einer anderen Studie konnte gezeigt werden, dass sich besonders das Hören eines Textes beim gleichzeitigen Lesen positiv auf das Textverständnis auswirkt (vgl. Košak-Babuder et al. 2018). Dies spricht sowohl für Lautleseverfahren als auch den Einsatz von Hörbüchern im Unterricht und beim Lesen zuhause.

5.2 Förderung von Leseverstehen

Die hierarchiehöheren Leseprozesse, die insbesondere auf Leseverstehen abzielen, lassen sich im Mehrebenenmodell nach Rosebrock und Nix (2017) wie folgt abbilden:

Abb. 7: Mehrebenenmodell des Lesens und Leseverstehens (adaptiert nach Rosebrock/Nix 2017: 16)

Die Unterteilung erfolgt demnach auf einer Prozessebene der kognitiven Anforderungen beim Entschlüsseln des Textes, bezieht aber auch die Subjektebene mittels Vorwissen und z. B. Motivation mit ein und sollte auf einer dritten Ebene immer mit der Frage nach der didaktisch-methodischen Ausgestaltung möglicher Anschlusskommunikation verbunden sein.

In der Fremdsprachendidaktik wird in Bezug auf Lesekompetenz in der Regel rekurriert auf *Top-down/Bottom-up-* bzw. interaktionale Modelle.

- *Bottom-up processing*: Lesen wird verstanden ausgehend von hierarchieniedrigen Prozessen beginnend auf Buchstabenebene über Silbe, Wort, Satz zum Text. Insbesondere im Anfängerunterricht erfolgt Lesen häufig aus dieser Richtung, da der Wortschatz noch relativ gering ist und die Dekodierung daher kleinschrittiger erfolgt.
- *Top-down processing*: Lesen als hierarchiehoher Prozess, der ausgehend von Vor- und Weltwissen der Lesenden die Bedeutung des Textes zu rekonstruieren versucht.
- Interaktionsmodell: Mittlerweile wird davon ausgegangen, dass beide Prozesse nicht gänzlich voneinander getrennt betrachtet werden können, sondern – wie das oben dargestellte Mehrebenenmodell von Rosebrock/Nix (2008) andeutet – miteinander (bewusst und unbewusst) in Interaktion stehen.

Zahlreiche Strategien und Ansätze zur Leseförderung und zum Leseverstehen basieren auf diesen Modellannahmen.

Bewusstsein für Leseebenen schaffen

Nicht selten lassen Schülerinnen und Schüler ein Bewusstsein für die verschiedenen Leseebenen vermissen, die beispielsweise im Mehrebenenmodell oben abgebildet werden. Ein explizites, strukturiertes Bewusstmachen dieser Leseebenen und ihrer je spezifischen Bedeutung im leseorientierten Fremdsprachenunterricht (ggf. auch in der L1) kann insofern zielführend sein, da es herauszustellen vermag, worauf sich die Lernenden für eine bestimmte Aufgabe oder Aktivität konzentrieren sollen.

Nehmen Sie sich einen beliebigen Lesetext vor, den Sie vor kurzem im Unterricht verwendet haben oder den Sie in Kürze nutzen möchten. Lassen sich die verschiedenen Ebenen durch gezielte, aufeinander aufbauende Übungen im Unterricht adressieren?

Lesestrategien und Lesestile

Hinsichtlich der Förderung von Leseverstehen werden in der einschlägigen Literatur häufig verschiedene Begriffe für ähnliche Methoden verwendet. Die Spanne reicht von *Lesestrategien, Lesetechniken* über *Lesestile* bis hin zu *Lesearten*, welche selten klar umrissen oder definiert werden. Zielführend erscheint hingegen eine Unterscheidung in *Strategien*, die tatsächlich bestimmte Schrittfolgen im Leseprozess zugrunde legen, sowie *Lesestile*, welche eher Zugänge zum Leseverstehen beschreiben. Zu letzteren zählen Helbig (1998) sowie Henseler/Surkamp (2012) insbesondere:

- suchendes Lesen *(scanning)*,
- orientierendes Lesen *(skimming)*,
- kursorisches Lesen *(receptive reading)*,

- detailliertes Lesen *(intensive reading)*,
- analytisches Lesen *(close reading)*,
- argumentatives Lesen *(responsive reading)*,
- kombiniertes Lesen *(combined reading)*.

Lesestrategien wiederum lassen sich nach Philipp (2012) in drei Hauptgruppen unterteilen:

- Kognitive Lesestrategien: Sie fokussieren auf die eigentliche Verarbeitung des Textinhalts z. B. durch Strukturierungen, Wiederholungen oder Aufforderung zur Beantwortung bestimmter Fragen.
- Metakognitive Lesestrategien: Diese Strategien zielen darauf ab, den Leseprozess zu planen, zu steuern und zu überwachen, ob beispielsweise eine Anpassung der kognitiven Lesestrategie nötig ist, um den Text erfolgreich zu verstehen.
- Stützstrategien: Diese Strategien dienen der Lesemotivation (z. B. durch Verstärker wie Belohnungen) oder der Gestaltung einer leseförderlichen Lernumgebung.

Durch ein Beobachten des Leseverhaltens von Schülerinnen und Schülern kann erschlossen werden, in welcher Gruppe von Lesestrategien sie besondere Probleme haben, um zielführend Unterstützungsmaßnahmen und zusätzliche Übungsmöglichkeiten anzubieten. Schwache metakognitive Lesestrategien beispielsweise sind nicht selten auch auf eine Aufmerksamkeitsproblematik oder eine schwache Ausführung exekutiver Funktionen zurückzuführen, sodass eine stärkere (Vor-)Strukturierung im Leseprozess vonnöten wird.

Hinsichtlich der kognitiven Förderung des Lesens hat sich ebenfalls ein stärker vorstrukturiertes Vorgehen bei schwachen Schülerinnen und Schülern als hilfreich erwiesen. Die 5-Schritt-Lesemethode ist hierfür ein Beispiel:

5-Schritt-Lesemethode

Diese bekannte Lesestrategie (kann auch in Form eines Arbeitsblattes vorstrukturiert werden) hat sich als sehr wirksam erwiesen – insbesondere wenn der zu lesende Text ausführlicher und tiefergehend behandelt werden muss. Die Schritte im Einzelnen:

1. *S* = *Survey*: Anhand des Textes im Groben (Überschrift, Absatzüberschriften, erste und letzte Worte) erhält man einen Überblick.
2. *Q* = *Question*: Durch selbstformulierte Fragen an den Text (am besten natürlich in der Fremdsprache) werden Erwartungen, Fragen und Ziele formuliert, deren Beantwortung und Klärung man erwartet.
3. *R* = *Read*: In diesem Schritt findet das eigentliche intensive Lesen statt, der Fokus liegt aber auf der Beantwortung der unter Q vorab formulierten Fragen.
4. *R* = *Recite*: Die Inhalte der Sinnabschnitte werden (mündlich auf Englisch) wiederholt, um z. B. auch im Gespräch mit Lehrkraft oder Mitschülern das Verständnis zu überprüfen.
5. *R* = *Review*: In diesem letzten Teil werden alle vorherigen Abschnitte überprüft und noch einmal auf ihre Kohärenz durchgegangen, noch unsichere Aspekte geklärt.

ex erc ise

Nehmen Sie sich einen Text vor, den Ihre Schüler/innen aktuell oder in Kürze lesen sollen. Welche Strategien würden sich hier zum Einsatz anbieten? Welche Strategien kennt Ihre Lerngruppe schon? Welche könnten Sie zusätzlich noch vermitteln und im Unterricht ausprobieren?

Metakognitive Lesestrategien fördern

Da die Selbstregulationsfähigkeit bei Schülerinnen und Schülern mit LRS nur schwach ausgeprägt ist, müssen Wege gefunden werden, um den Leseprozess in kognitiver wie metakognitiver Hinsicht zu steuern. Lesestrategien und Lesestile sind ein möglicher Zugang (insbesondere in kognitiver Hinsicht), zur Selbststeuerung haben sich in der Praxis insbesondere auch Regelkarten als wirksam und

Comprehension Card	Comprehension Card
Macht das Sinn?	Verstehe ich, was ich gerade lese?
Comprehension Card	**Action Card**
Was könnte als nächstes passieren?	Ich lese den letzten Absatz noch einmal.
Action Card	**Action Card**
Ich wiederhole laut, was ich gelesen habe.	Ich lese die nächsten Sätze und schaue, ob ich mehr verstehe.

Abb. 8: Beispiel einer Kopiervorlage von Karten zur Förderung der Selbstregulation beim Lesen (Quelle: Gerlach 2013 b: 179)

höchst praktikabel erwiesen (siehe Abbildung 8). Diese bieten den Lernenden individuell Reflexionsgelegenheiten oder auch Handlungsaufforderungen beim Lesen an. Insbesondere für jüngere Schülerinnen und Schüler kann der Text auf den Karten auch noch durch Symbole entlastet werden, wenn vorher explizit eingeführt und geübt wurde, wofür die Symbole zur Selbstüberwachung im Leseprozess jeweils stehen.

Unterrichtsgestaltung zur Leseförderung

Unterrichtsstunden, die Leseförderung als Kompetenzbereich zum Ziel haben, sind häufig in die drei Unterrichtsphasen nach *pre-*, *while-* und *post-reading* eingeteilt (vgl. z. B. Surkamp/Yearwood 2018). Dieses Vorgehen verfolgt ein zielgerichtetes Aktivieren von Vorwissen gemäß eines *Top-down*-Zugangs in Einstimmung auf den Text (*pre*), das Anwenden eines Lesestils oder des Lesens mittels einer bestimmten Fragestellung während des Lesens (*while*) und im Anschluss des dezidierteren Textverstehens (*post*). Beim Einhalten dieser Struktur wird zudem vermieden, dass die Schülerinnen und Schüler unstrukturiert und ziellos einen Text lesen, was in der Freizeit durch „Lesen zum Spaß" erfolgen kann. Im didaktischen Zentrum des Unterrichts sollten Texte allerdings stets durch entsprechende Unterstützungsmaßnahmen, Übungen und Aufgaben begleitet werden.

Texte vereinfachen

Texte können mittels der Prinzipien „Leichter Sprache" (bzw. „Easy-to-Read") vereinfacht werden. Diese beziehen sich nicht nur auf die Gestaltung des Textes auf semantischer und syntaktischer Ebene, sondern geben auch Empfehlungen für das Layout von Texten.

Informationen zu den Prinzipien finden sich unter www.easy-to-read.eu/de sowie www.leichte-sprache.org.

Handlungsorientierte Leseförderung

Eine Leseförderung, die neben der basalen Förderung auch Prinzipien der fremdsprachendidaktischen Handlungsorientierung berücksichtigt, ist nicht nur für Lernende mit LRS zielführend. Dazu gehören intensives und extensives Lesen, das mit motivierenden, lebensweltnahen Lektüren und Texten einhergeht. Auch der Einsatz von Hörbüchern, die leseschwachen Lernenden literarische Welten über einen anderen Kanal vermitteln, können eine gute Grundlage bieten, um produktiv mit Texten umzugehen und auch Hör- und Leseverstehen zu fördern.

Zahlreiche Verlage bieten Lektüren auf unterschiedlichen Niveaustufen und nach unterschiedlichen Interessen an. Dies ist insbesondere für Jungen relevant, da diese nicht selten schwieriger für im schulischen Kontext gängige Themen zu begeistern sind. Das Projekt Boys&Books (www.boysandbooks.de) der Uni Köln kann hier Ideen bieten.

Das Potential digitaler Medien, Lese-Apps und eBooks ist in diesem Zusammenhang auch nicht zu unterschätzen. Zum einen bieten die meisten eBook-Reader die Möglichkeit, unbekannte Wörter schnell nachzuschlagen, außerdem können Vorlese-Apps Inhalte in hörbarer Form zugänglich machen. Auch die Textgestaltung, Schriftgröße, Kontrast und Ähnliches kann häufig innerhalb digitaler Medien je nach Belieben angepasst werden (siehe auch Kapitel 7 zur Gestaltung von Arbeitsmaterial).

Einen Überblick zum Potential von digitalen Tools beim Einsatz in inklusiven Settings bzw. zur Unterstützung von Schülerinnen und Schülern mit LRS im Besonderen geben Blume und Würffel (2018).

6. Schreibförderung

Die Förderung des Schreibens und das korrektive Feedback an Schreibprodukten auch auf der orthographischen Ebene wird häufig vernachlässigt zugunsten mündlicher Bearbeitungen der Unterrichtsinhalte. Dabei bieten mittlerweile verschiedene Medien und Produkte authentische Schreibszenarien, in denen sich die Schülerinnen und Schüler ausdrücken können und das individuelle Feedback gar an Mitlernende (kriteriengeleitet) abgegeben werden kann. Nachfolgend soll es sowohl um die Förderung der Rechtschreibung als auch hierarchiehöherer Schreibprodukte (im Sinne von Textproduktion) gehen.

Nehmen Sie sich Material vor, das Sie gerade in Ihrem Fremdsprachenunterricht einsetzen. Wo sehen Sie die Möglichkeit, zusätzlich eine sinnvolle Schreibaufgabe zu integrieren?

6.1 Basale Schreibförderung

Wie die Leseförderung sollte die basale Schreibförderung ebenfalls von einem hochfrequenten Grundwortschatz ausgehen. Dieser beinhaltet hinsichtlich der orthographischen Komplexität und der Wortarten nicht selten besonders viele – aber eben auch besonders häufig vorkommende – Ausnahmen, die z. B. durch Automatisierung gefestigt werden sollten. Eine Möglichkeit ist die Arbeit mit einem Karteikartensystem.

Multisensorisches Karteikartenlernen

Zur Automatisierung der Schreibweisen hat es sich bewährt, dass Lernende die häufigsten Wörter per Karteikartensystem (z. B. „5-Fächer-System“) verinnerlichen. Die Vorgehensweise weicht jedoch deutlich vom normalen Vokabellernen ab, da es nicht um Bedeutungslernen geht (obwohl die Lernenden Karteikarten nutzen, auf denen auch die deutsche Übersetzung des Begriffs auf der Rückseite vermerkt ist). Vielmehr sollen folgende Schritte durchlaufen werden (vgl. Gerlach 2013 a/b):

1. *Look* (Karte wird aus dem Karteikasten genommen, fremdsprachiges Wort wird angeschaut)
2. *Read* (Wort wird laut (!) vorgelesen)
3. *Cover* (Karte wird abgedeckt oder umgedreht auf den Tisch gelegt)
4. *Write* (Wort wird auf ein separates Blatt Papier geschrieben)
5. *Check* (Wort wird auf korrekte Schreibung hin überprüft, wenn korrekt: Karteikarte wandert ins nächste Fach, wenn falsch: Karteikarte wandert wieder ins erste Fach)

Zwar kann Karteikartenlernen sehr mühsam und unmotivierend sein, wenn nicht mit Anreizsystemen gearbeitet wird, andererseits hat sich die sichere Beherrschung des hochfrequenten Grundwortschatzes als bedeutende Basis für das Lesen und Schreiben schwacher Lerner/innen erwiesen (vgl. Tacke 2011/Gerlach 2013 a). Viele Vokabellern-Apps oder Onlinetools erlauben einen motivierenderen Zugang und bieten mittlerweile Grundwortschatzlisten zur Auswahl. Beachtet werden sollte jedoch, dass – den Schritten von oben folgend – auch per Hand (!) geschrieben wird und nicht nur die richtigen Antworten auf dem Tablet oder Computer eingetippt werden.

Tipp: Wenn besondere orthographische Schwierigkeiten farblich (z. B. durch Textmarker) im fremdsprachlichen Wort hervorgehoben werden, besteht die Chance, dass diese Schreibweisen sich besser einprägen.

Prinzip: „Vom Einfachen zum Schweren"

Als Förderprinzip klingt es relativ einleuchtend und bezieht sich dabei sowohl auf die orthographische Komplexität als auch auf die Wortlänge. Während das Deutsche beispielsweise im Schnitt sehr lange, mehrsilbige Wörter produzieren kann, ist das Englische – trotz seiner deutlichen orthographischen Intransparenz – relativ gesehen eher mono- oder bisyllabisch. Um Speicherschwierigkeiten des Arbeitsgedächtnisses zu berücksichtigen, wird daher empfohlen (falls möglich), mit kürzeren Wörtern zu arbeiten. Beispiele für steigende Komplexität auf Wortebene:

- im Englischen: *cat / lost > letter > leaving > important > beautiful;*
- im Französischen: *si / non > thé / rose / tasse > eau / toi > quelqu'un / portemonnaie / façon > promenade > administration > bibliothèque > arc-en-ciel;*
- im Spanischen: *pan > gato > luego > paella > pájaro > península;*

Prinzip: „Vom Lautgetreuen zur Ausnahme"

Den Schwierigkeiten von Schülerinnen und Schülern, Graphem-Phonem-Korrespondenzen beim Lesen bzw. Phonem-Graphem-Korrespondenzen beim Schreiben zu dekodieren kann insofern begegnet werden, als dass Wortmaterial genutzt wird, das relativ lautgetreu ist. Dies ist im Italienischen relativ einfach, je intransparenter die Orthograpie wird (wie im Englischen), umso schwieriger ist es, angemessenes Wortmaterial zu finden.

Im Englischen sind Konsonant-Vokal-Konsonant-Kombinationen (C-V-C) relativ transparent und lautgetreu: Nimmt man <cat> als Beispiel, wird das <c> am Anfang von Wörtern in der Regel /k/ gesprochen, <a> in der Regel als /æ/, <t> regelhaft als /t/. Beachtet werden sollte dabei, dass das Englische aufgrund seiner Sprachgeschichte (z. B. Great Vowel Shift) auf Vokalebene deutlich intransparenter ist als auf Konsonantenebene.

Auch das Französische ist nicht lautgetreu. Die Wörter *ver, vers, verre* und *vert* beispielsweise werden alle gleich ausgesprochen. Ähnlich schwierig kann das Erkennen von Wortgrenzen sein bei Wörtern, die durch eine Liaison verbunden werden.

Teilweise können „falsche“ Graphem-Phonem-Zuordnungen daraus resultieren, dass die Schülerinnen und Schüler in einer anderen Sprache als Deutsch alphabetisiert wurden. Das Buch *Das mehrsprachige Klassenzimmer* (Krifka et al. 2014) beschreibt die häufigsten in Deutschland vorkommenden anderen Muttersprachen im Kontrast zum Deutschen und hilft so dabei, Fehler in verschiedenen linguistischen Dimensionen von Phonologie über Orthographie, Syntax und Semantik verständlich zu machen.

Die Förderung phonologischer Bewusstheit und des phonologischen Rekodieren kann in verschiedenen Jahrgangsstufen, insbesondere aber im Anfangsunterricht, durch eine Bewusstmachung z. B. von Onsets, Einzellauten oder Reimen geschehen.

Die Förderung von Graphem-Phonem-/Phonem-Graphem-Korrespondenzen

Das Verhältnis von Graphem und Phonem sollte auch im Rahmen der Schreibförderung eine besondere Stellung einnehmen (vgl. Frisch 2013/Gerlach 2013). Hier einige Ideen, wie dies umgesetzt werden kann:

- Schreibbesonderheiten in neu einzuführendem Wortschatz explizit hervorheben (z. B. farblich) und benennen;
- ähnlich klingende oder geschriebene Wörter miteinander vergleichen lassen;
- Anfangsphoneme isoliert nachsprechen lassen;
- Einzellaute vorsprechen und nachsprechen, dann zum Wort synthetisieren lassen;
- Onset und Silbenreim in Verhältnis setzen;
- Bezüge hinsichtlich Orthographie zwischen Muttersprache(n) und Fremdsprache(n) herstellen.

blue	blau	plan	Plan
bring	bringen	private	privat
crown	Krone	smell	schmecken
dream	Traum	stand	stehen
dry	trocken	swim	schwimmen
fruit	Frucht	knee	Knie

Abb. 9: Beispiel einer Kopiervorlage, aus der ein Aufdeckspiel zum Memorieren erstellt werden kann. Die deutschen Anlaute entsprechen den englischen, sodass die Graphem-Phonem-Verhältnisse hier auch im Kontrast zur Muttersprache (mitsamt mancher Rechtschreibbesonderheiten) verinnerlicht werden können (Quelle: Gerlach 2013b: 106)

Multisensorische Diktate

Obwohl Diktate im regulären Schulunterricht mittlerweile als „verpönt“ gelten, können sie dennoch für rechtschreibschwache Kinder (zur Abwechslung!) sinnvoll sein. Dann sollten sie aber – wie das Karteikastenlernen – auf eine multisensorische Art geschehen. Hier ist das (modifizierbare) Vorgehen einmal exemplarisch beschrieben:

1. Lehrkraft liest einen (kurzen) englischen Satz langsam vor.
2. Lerngruppe wiederholt den Satz laut.
3. Lehrkraft liest Wort für Wort vor, Lerngruppe wiederholt jeweils und schreibt jedes Wort nach dem lauten Vorsagen auf.
4. Lehrkraft wiederholt den kompletten Satz, während die Lerngruppe kontrolliert.
5. Eventuell: Gemeinsame Korrektur (peer-Korrektur) des geschriebenen Textes.

Fehlerbewusstheit individuell fördern

Um ein individuelles Bewusstsein für bestimmte Fehlerschwerpunkte zu fördern, ist es sinnvoll, aus Schriftprodukten der Schülerinnen und Schüler (freie Texte, Hausaufgaben, Klassenarbeiten) bestimmte Fehlerschwerpunkte zu identifizieren und die häufigsten bzw. charakteristischsten zuerst zu trainieren. Eine Auswertungstabelle mit Strichliste hat sich in der Praxis als effektivste Möglichkeit erwiesen.

6.2 Schreibstrategien

Schreibstrategien auf den unterschiedlichen Ebenen – vom basal-orthographischen Bewusstsein bis hin zur komplexen

Textkomposition – zeigen besonders dann für schwächere Schülerinnen und Schüler größere positive Effekte, wenn sie vorher explizit vermittelt werden (vgl. z. B. Gillespie/Graham 2014). Auch das (lehrkraftseitige) Setzen von Zielen und entsprechendes Feedback sowie Methoden kooperativen Schreibens mit Mitschüler/innen haben sich als wirksam erwiesen. Die einschlägige fachdidaktische Literatur hat hierfür zahlreiche Vorschläge vorliegen, zudem können Methoden und Ansätze aus der Deutschdidaktik für den Fremdsprachenunterricht genutzt werden.

Zusätzlich sind (meta-)kognitiv aktivierende Verfahren sinnvoll, die z. B. einen Aktionsplan für die Texterstellung bieten, auf dem die Lernenden die jeweiligen Schritte von der Planung über die Recherche, dem Erstellen des Entwurfs, das Einholen von Feedback, die Überarbeitung des Schreibprodukts bis hin zu seiner Veröffentlichung (ggf. mit zusätzlichen Tipps) abhaken können.

Produkt- vs. prozessorientiertes Schreiben

Die einzelnen Schritte des Schreibens können – ähnlich wie die der rezeptiven Kompetenz des Lesens – mittels *pre-/while-/post*-Verfahren unterteilt werden und zeigen damit eine Orientierung auf den Prozess, der möglicherweise verschiedene Unterfertigkeiten trainieren soll. Produktorientiertes Schreiben legt den Schwerpunkt nicht selten auf die Erstellung einer bestimmten Textsorte, sodass hier zusätzlich Wissen über Form und Funktion bestimmter Genres (Adressaten, Textstruktur, Stil) vonnöten ist und den Lernenden bewusst gemacht werden muss.

Mind-Mapping und Story-Mapping

Einzelne Forschungsprojekte zeigen Anzeichen dafür, dass Menschen mit LRS sich Inhalte besser merken können, wenn sie sie in Form von Mindmaps niederschreiben (im Vergleich z. B. zum Erstellen von Listen, um diese auswendig zu lernen; vgl. z. B. Dror et al. 2011). Jüngere Schülerinnen und Schüler müssen jedoch an Mind-Mapping stärker herangeführt werden, da die Bildung von Kategorien bzw. Verzweigungen sowie die Förderung von Abstraktionsfähigkeit entwicklungspsychologisch verzögert sein mögen.

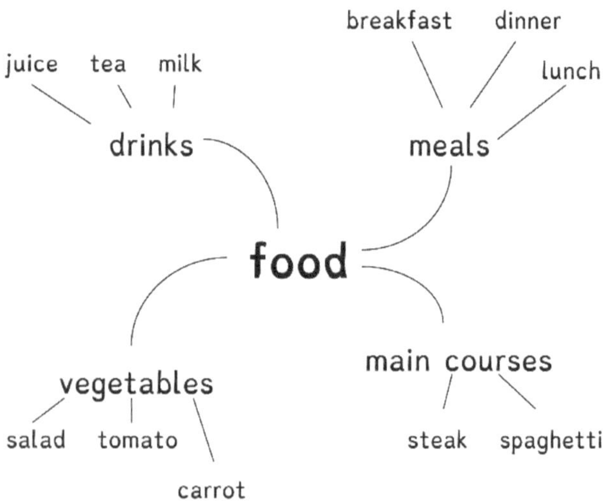

Abb. 10: Beispiel für eine Mindmap zum Wortfeld „Essen" (Quelle: Gerlach 2013b: 236), welches im Förderkonzept (Gerlach 2013b) mit individuellen Bildern versehen wird und angeleitet durch die Förderkraft noch hinsichtlich orthographischer Besonderheiten und Graphem-Phonem-Korrespondenzen (auch im Vergleich zur Muttersprache) bearbeitet wird

Dafür bietet sich Mind-Mapping, wenn es basal beherrscht wird, ebenfalls für die Förderung des Leseverstehens an, wenn Inhalte grafisch dargestellt werden sollen (beispielsweise auch als *Character map* oder *Story map* zum Erschließen einer Geschichte).

Handlungsorientierte Schreibförderung

Produkt- und prozessorientierte Schreibförderung, die den Prinzipien der Handlungsorientierung folgt, sollte immer die Relevanz und (kommunikative) Sinnhaftigkeit des schriftlichen Produkts in den Vordergrund stellen. Gleichzeitig bedürfen entsprechende Lernaufgaben für schwache Schülerinnen und Schüler großer Vorstrukturierung, sprachlicher Vorarbeit und ggf. Modelltexte oder Schreibschablonen, an denen sich die Lernenden orientieren können.

Eine umfassende Betrachtung empirisch abgesicherter, schreibförderlicher Maßnahmen bietet Philipp in zwei Bänden (2015 und 2017). Die vorgestellten Konzepte richten sich nicht nur an Deutschlehrkräfte, sondern an alle, die mit schriftsprachlichen Produkten und ihrer Erstellung befasst sind und diese fördern möchten.

Ähnlich wie bei der Leseförderung können bei der Schreibförderung digitale Medien eine große Unterstützung für Schülerinnen und Schüler mit LRS bieten (vgl. auch Blume/Würffel 2018): Spracherkennungssoftware hilft bei der Textproduktion, kontextsensitive Rechtschreibkorrektur unterstützt bei der Orthographie und Authoring-Tools oder -Apps bieten auf kreative Weise die Möglichkeit zur Produktion unterschiedlichster und kreativer Schreibprodukte, die gleichzeitig differenzierend wie motivierend angelegt werden können.

7. Gestaltung von Arbeitsmaterial und schulrechtliche Fragen

Im Zusammenhang mit Lese-Rechtschreib-Schwierigkeiten im schulischen Kontext werden häufig rechtliche Fragen relevant, wenn es um die schriftliche Leistungsüberprüfung und -bewertung geht. Eng damit verbunden ist die Frage, wie das Arbeitsmaterial gestaltet sein muss, damit Schülerinnen und Schüler mit LRS damit lernen bzw. in ihren Fertigkeiten angemessen überprüft werden können.

7.1 Gestaltungsprinzipien für Arbeitsmaterial

Unterrichtsmedien – seien sie digital oder print, eingesetztes Lehrwerk oder selbst zusammengestelltes Zusatzmaterial – stellen Fremdsprachenlerner/innen mit LRS häufig vor große Herausforderungen, da sie in den seltensten Fällen für diese Gruppe gestaltet wurden. Was für unbeeinträchtigte Schülerinnen und Schüler ein ansprechendes und motivierendes, buntes und aufwändiges Design sein mag, überfordert andere im extremen Maße. Insbesondere die Seiten- und Text-, aber auch die Aufgabenstruktur kann Verwirrung stiften, wenn sie beispielsweise zunächst in ihrem Aufbau entschlüsselt werden muss. Arbeitsmaterial und Lehrwerke, die stark vorstrukturiert sind und die Lernenden durch den Lern- und Bearbeitungsprozess begleiten, haben sich als deutlich besser geeignet für lernschwache Schülerinnen und Schüler herausgestellt (vgl. Sykes 2008). Bereits gängige *pre-, while-* und *post-reading activities*, die aufgabenorientiert in den Leseprozess integriert werden, scheinen hier zielführend (vgl. Kapitel 6).

ex erc ise

Überlegen Sie, bevor Sie weiterlesen, wie auf Basis des Vorwissens aus den vorherigen Kapiteln Material aussehen müsste, das für Lernende mit LRS geeignet ist. Werfen Sie auch einen Blick in ein aktuelles Lehrwerk.

Hier finden Sie einige Gestaltungskriterien für arbeitsfreundliches Material (vgl. auch Gerlach 2013 a/2019):

- klare Struktur und Bearbeitungsreihenfolge (am besten von oben nach unten);
- serifenlose Schriftarten verwenden (Arial/Calibri anstatt Times New Roman);
- maximal 1,5-facher Zeilenabstand;
- Schriftgröße leicht erhöhen, noch besser: ein leicht vergrößerter Zeichenabstand;
- Zeichenzahl pro Zeile sollte 60 bis 70 Zeichen nicht überschreiten;
- Text linksbündig einrichten;
- Regeln und Aufgaben durch Kästen und/oder Symbole hervorheben;
- Grafiken und Bilder nur einbinden, wenn sie eine inhaltliche Funktion haben.

Verstärkt werden spezielle Schriftarten für leseschwache Menschen vorgestellt, die aufgrund ihrer optischen Gestaltung besonders gut lesbar sein sollen. Deren Effekte sind jedoch umstritten: Teilweise wird von kleineren Verbesserungen gesprochen (vgl. Böttger et al. 2017), andere Untersuchungen finden diese nicht (vgl. Kuster et al. 2017). Die abweichende Gestaltung der Schriftarten basiert auf der bislang nicht ausreichend belegten Annahme, dass visuelle Verarbeitungsstörungen (so z. B. Buchstabendreher o. Ä.) ursächlich für LRS sein können. Allerdings zeigt sich – wie angedeutet –

durchaus, dass insbesondere serifenlose Schriftarten (zu denen die speziell angefertigten in der Regel gehören) von Schülerinnen und Schülern mit Lernschwierigkeiten besser und einfacher gelesen werden.

Überraschend ist möglicherweise die Erkenntnis, dass eine vergrößerte Schrift oder ein höherer Zeilenabstand kaum positive Effekte für das Lesen haben, die Erhöhung des *Zeichen*abstandes jedoch durchaus (vgl. Zorzi et al. 2012).

ex erc ise

Vergleichen Sie die oben beschriebenen Empfehlungen mit Lehrwerks- und Unterrichtsmaterial. Welche Optimierungsmöglichkeiten sehen Sie?

7.2 Schulrechtliche Fragen (Nachteilsausgleich und Notenschutz)

Wenn Schülerinnen und Schüler mit LRS schriftliche Leistungsüberprüfungen absolvieren sollen (z. B. Vokabeltests, Klassenarbeiten oder Klausuren) können sie aufgrund der Beeinträchtigungen nicht in dem Maße die Erwartungen erfüllen wie andere Lernende in derselben Gruppe. Es müssen daher Wege gefunden werden, diese Benachteiligung auszugleichen. Hierfür sind schulrechtlich insbesondere Notenschutz und Nachteilsausgleich hilfreiche Instrumente. Der Notenschutz gilt dabei in der Regel als *ultima ratio*, wenn die Rechtschreibleistung das Abschneiden in schriftlichen Leistungsüberprüfungen derart absenkt, dass dadurch die Versetzung gefährdet ist. Beim Notenschutz wird daraufhin die Rechtschreibleistung nicht bewertet, was in der Regel mit einem entsprechenden Vermerk auf dem Zeugnis verbunden ist.

Der Nachteilsausgleich ist in seiner Anlage anders: Er versucht die mangelhafte Leistung durch die Beeinträchtigungen bei Lese- und Schreibkompetenz auszugleichen und Bedingungen zu schaffen, in denen die Lernenden zeigen können, was sie beherrschen. Folgende Maßnahmen sind hierbei denkbar:

- stärkere Gewichtung der mündlichen im Vergleich zu schriftlichen Leistungen;
- Ersatzleistungen (z. B. eine Klassenarbeit/Klausur durch eine Präsentation ersetzen);
- angepasste Anforderungen (z. B. weniger Aufgaben in Grammatiktests);
- Einsatz von Hilfsmitteln (Wörterbücher (auch digital), Computer mit Textverarbeitungssoftware, Hörfassung des Lesetextes);
- verlängerte Bearbeitungszeit.

Die verlängerte Bearbeitungszeit gilt tatsächlich international als sinnvollster Nachteilsausgleich, nimmt sie doch den Druck und ermöglicht mehr individuell nutzbare Pausen, während ein Aufgabenapparat bearbeitet werden muss. Auf schulischer Ebene stellt dieser Nachteilsausgleich jedoch nicht selten eine organisatorische Herausforderung dar, da für die erweiterte Prüfungszeit ebenfalls eine Aufsicht der Prüflinge gewährleistet sein muss.

Beachtet werden sollte zudem, dass schulrechtlich nicht alle oben vorgestellten Maßnahmen in den unterschiedlichen Bundesländern möglich sind. Teilweise gelten z. B. angepasste Anforderungen schon als Maßnahme des Notenschutzes. Ebenso wird unterschiedlich gehandhabt, wer die Maßnahmen bestimmt: Teilweise kann die Klassenkonferenz (also alle Lehrkräfte der Klasse) die Maßnahmen im eigenen

Ermessen bestimmen, teilweise werden außerschulische Gutachten angefordert, um sich den Verdacht von LRS extern oder von einem schulpsychologischen Dienst bestätigen zu lassen.

Auf den Websites des Bundesverbandes Legasthenie und Dyskalkulie bzw. ihrer Landesverbände finden sich die Erlasse und Verordnungen der Länder (www.bvl-legasthenie.de) ebenso wie auf den Seiten von LegaKids (www.legakids.net).

Anhang

Liste mit weiterführender Ratgeberliteratur und Förderkonzepten

Sellin, Katrin (2008): *Wenn Kinder mit Legasthenie Fremdsprachen lernen.* München: Reinhardt. (Praxisbuch mit Empfehlungen zur Förderung und Differenzierung für verschiedene Fremdsprachen, Empfehlungen für Eltern)

Baumann, Xenia (2008): *Handbook zur Rechtschreibförderung im Englischen.* Münster: Lernserver. (Zusammenstellung von englischem Wortschatz)

Buda, Christiane (2010): *Englisch richtig schreiben – leichter lesen: Laut-Buchstaben-Zuordnung.* Lehrte: Hübner. (Trainingskonzept auch für die Förderung zuhause geeignet)

BVL (Bundesverband für Legasthenie und Dyskalkulie): Diverse Ratgeber zum Thema LRS und Fremdsprachen. URL: www.bvl-legasthenie.de/shop-bvl/shop-ratgeber.html

Daloiso, Michele (2017): *Supporting Learners with Dyslexia in the ELT Classroom.* Oxford: Oxford University Press. (Unterrichtspraktische Ratschläge für Englisch)

Dast, Helmut (2003): *Das unnötige Versagen in Englisch.* Böblingen: Institut für schriftsprachliche Pädagogik. (Methodische Vorschläge zur Förderung)

Dorsch, Ursula/Dreßler, Johannes (2014): *The Easy English Programme.* Kiel: Veris. (Strukturiertes Englisch-Förderkonzept für außerschulische Förderung)

Gerlach, David (2013): *wordly Rechtschreibtraining & wordly Lesetraining.* Eigenverlag. (Strukturiertes Englisch-Förderkonzept für außerschulische Förderung)

Haß, Frank/Kieweg, Werner (2013): *I can make it! Englischunterricht für Schülerinnen und Schüler mit Lernschwierigkeiten.* Seelze-Velber: Klett Kallmeyer. (Anregungen für lernförderlichen, kompetenzorientierten Unterricht bei Lernschwierigkeiten)

Kerstin, Bert (2009): *Fit in Englisch trotz LRS.* Buxtehude: AOL. (Materialsammlung, auch zur Differenzierung im Englischunterricht geeignet)

Lanzinger, Isabell Maria (2006): *Legasthenie in der Fremdsprache Englisch.* Online: http://news.legasthenietrainer.com/Legasthenie-Englisch.pdf.

Nieberle, Günther (2012): *Englische Rechtschreibung. Probleme deutschsprachiger Schüler.* Regensburg: Verlag für kognitive Lernförderung. (Methodische Vorschläge zur Förderung)

Nijakowska, Joanna (2010): *Dyslexia in the Foreign Language Classroom.* Bristol u. a.: Multilingual Matters. (Wissenschaftliche Untersuchung mit umfangreichen multisensorischen Beispielaktivitäten)

Schick, Kim/Mayer, Andreas (2013): Chair, fair, pair! Kinder mit LRS unterstützend unterrichten. In: *Grundschulmagazin Englisch* 5, 9–10. (Idee zum Onset-Rime-Training im Bereich Grundschulenglisch)

Schneider, Elke/Crombie, Margaret (2004): *Dyslexia and Foreign Language Learning.* London: David Fultan. (Unterrichtspraktischer Ratgeber)

Zander, Gisela (2002): *Besser Englisch lernen trotz Lese-Rechtschreib-Schwäche.* Mühlheim a. d. Ruhr: Verlag an der Ruhr. (Ideen und Methoden zur Förderung.)

Online-Angebote

Unter www.alphaPROF.de finden Sie eine kostenfreie Online-Fortbildung rund um das Thema LRS und Unterstützung für Lernende im schulischen Kontext.

Speziell zum Schwerpunkt LRS und Englisch finden Sie eine englischsprachige Online-Fortbildung unter http://dystefl2.uni.lodz.pl/, unter www.legasthenie-englisch.de gibt es darüber hinaus weitere Literatur- und Materialempfehlungen.

Literatur

Arndt, P. A./Sambanis, M. (2017): *Didaktik und Neurowissenschaften.* Tübingen: Narr.

Böttger, H./Dose, J./Müller, T. (2017): "Contrast and font affect reading speeds of adolescents with and without a need for language-based learning support". In: *Training Language and Culture* 1(4), 45–60.

Blume, C., Kielwein, C., & Schmidt, T. (2018): „Potenziale und Grenzen von Task-Based Language Teaching als methodischer Zugang im (zieldifferent-)inklusiven Unterricht für Schülerinnen und Schüler mit Lernbesonderheiten". In: Roters, B./Gerlach, D./ Eßer, S. (Hrsg.), *Inklusiver Englischunterricht*. Münster: Waxmann, 27–48.

Blume, C./Würffel, N. (2018): "Using technologies for foreign language learning in inclusive settings". In: *Fremdsprachen Lehren und Lernen* 47(2), 8–27.

Borleffs, E./Maassen, B. A./Lyytinen, H./Zwarts, F. (2018): "Cracking the code: The impact of orthographic transparency and morphological-syllabic complexity on reading and developmental dyslexia". In: *Frontiers in Psychology* 9, 2534.

Brundson, R./Coltheart, M./Nickels, L. (2005): "Treatment of irregular word spelling in developmental surface dysgraphia". In: *Cognitive Neuropsychology* 22(2), 213–251.

Brunswick, N. (2010): "Unimpaired reading development and dyslexia across different languages". In: Brunswick, N./McDougall, S./de Mornay Davies, P. (Hrsg.), *Reading and dyslexia in different orthographies.* New York: Psychology Press. 149–172.

Büchner, B./Kortländer, M./Werner, B./Robering, N./Schönweiss, F. (2009): Legasthenie – eine Krankheit, eine Behinderung, eine Störung? Recht auf Bildung und individuelle Förderung statt Selektion und Stigmatisierung. Online: https://alphaprof.de/wp-content/uploads/2014/11/Legasthenie-eine-Krankheit.pdf (14. 12. 2018)

Coltheart, M. (1978): "Lexical access in simple reading tasks". In: Unterwood, G. (Hrsg.): *Strategies in Information Processing*. London: Academic Press, 151–216.

Daloiso, M. (2017): *Supporting Learners with Dyslexia in the ELT Classroom*. Oxford: Oxford University Press.

Dehaene, S./Nakamura, K./Jobert, A./Kuroki, C./Ogawa, S./Cohen, L. (2010): "Why do children make mirror errors in reading? Neural correlates of mirror invariance in the visual word form area". *NeuroImage* 49, 1837–48.

Diehr, B./Frisch, S. (2010): „A roadmap to reading – Bewusstmachende Verfahren im Umgang mit der englischen Schriftsprache." In: *Grundschule* 9, 26–28.

Dror, I. E./Makany, T./Kemp, J. (2011): "Overcoming learning barriers through knowledge management". In: *Dyslexia* 17(1), 38–47.

Elliott, J./Grigorenko, E. L. (2014): *The Dyslexia Debate*. Cambridge: Cambridge University Press.

Ellis, A. W./Young, A. W. (1988): *Human Cognitive Neuropsychology*. Hove u. a.: Erlbaum.

Ellis, R. (2004): "Individual differences in second language learning". In: Davies, A./Elder, C. (Hrsg.), *The Handbook of Applied Linguistics*. Malden: Blackwell, 525–551.

Engelen, S. (2016): „Zum Umgang mit Legasthenie im Fremdsprachenunterricht – Forschungsstand, theoretische Konzepte und Leitlinien für den Unterricht". In: *Zeitschrift für Fremdsprachenforschung* 27(2), 227–253.

Farrel, M. L./Sherman, G. F. (2011): "Multisensory Structured Language Education". In: Birsh, J. R. (Hrsg.), *Multisensory Teaching of Basic Language Skills*. Baltimore: Paul H. Brookes, 25–47.

Feuser, G. (1989): „Allgemeine integrative Pädagogik und entwicklungslogische Didaktik". In: *Behindertenpädagogik* 28(1), 4–48.

Frisch, S. (2013): *Lesen im Englischunterricht der Grundschule*. Tübingen: Narr.

Fröhlich, L. P./Petermann, F./Metz, D. (2013): "Phonological awareness: factors of influence". In: *European Early Childhood Education Research Journal* 21(1), 5–22.

Galuschka, K./Ise, E./Krick, K./Schulte-Körne, G. (2014): "Effectiveness of treatment approaches for children and adolescents with reading disabilities: a meta-analysis of randomized controlled trials". In: *PLoS One* 9(2), e89 900.

Gerlach, D. (2013 a): *wordly-Rechtschreibtraining: Konzeption und Evaluation eines Interventionsprogramms für lese-rechtschreib-schwache Englischlerner.* Münster: Waxmann.

Gerlach, D. (2013 b): *wordly Rechtschreibtraining & wordly Lesetraining.* Marburg: Eigenverlag.

Gerlach, D. (2015): „Fremdsprachenlernen mit allen Sinnen? Möglichkeiten und Grenzen multisensorischen Lehrens und Lernens". In: *Praxis Fremdsprachenunterricht*, 2, 9–11.

Gerlach, D. (2017): "Reading and spelling difficulties in the ELT classroom". In: *ELT Journal* 71(3), 295–304.

Gerlach, D. (2018 a): „Debunking Neuromyths. Lehr- und Lernmythen im Englischunterricht". In: *Grundschulmagazin Englisch* 3/2018, 31–34.

Gerlach, D. (2018 b): „Legasthenie" und LRS: Perspektiven für den Fremdsprachenunterricht". In: *Praxis Fremdsprachenunterricht* 5/2018, 11–15.

Gerlach, D. (2019): „Design matters! Materialien für schwache Lernende gestalten". In: *Der fremdsprachliche Unterricht Englisch* 175, 46–47.

Gillespie, A./Graham, S. (2014): "A meta-analysis of writing interventions for students with learning disabilities". In: *Exceptional Children* 80(4), 454–473.

Goswami, U. (1995): "Phonological development and reading by analogy: what is analogy, and what is it not?" In: *Journal of Research in Reading* 18(2), 139–145.

Grabe, W./Stoller, F. (2011): *Teaching and Researching Reading.* Harlow: Pearson Education.

Graham E. R. (1976): *The Significance of Letter Position in Word Recognition.* Unpublished PhD Thesis: University of Nottingham.

Graham, S./McKeown, D./Kiuhara, S./Harris, K. R. (2012): "A meta-analysis of writing instruction for students in the elementary grades". In: *Journal of Educational Psychology* 104(4), 879–896.

Helbig, B. (1998): „Lern- und Arbeitstechniken im bilingualen Sachfachunterricht aufgezeigt am Beispiel von Texterschließungstechniken". In: *Der fremdsprachliche Unterricht Französisch* 32, 44–48.

Henseler, R./Surkamp, C. (2012): „O This Reading, What a Thing It Is. Lesekompetenz in der Fremdsprache Englisch fördern". In: *Der fremdsprachliche Unterricht Englisch* Sammelband – Lesen, 12–18.

ICD-10 (2019) = Internationale statistische Klassifikation der Krankheiten und verwandter Gesundheitsprobleme. 10. Revision (German Modification). Online: https://www.dimdi.de/static/de/klassifikationen/icd/icd-10-gm/kode-suche/htmlgm2019/ (11. 12. 2018).

Kelly, K./Phillips, S. (2016): *Teaching Literacy to Learners with Dyslexia: A Multisensory Approach*. London: Sage.

Klicpera, C./Schabmann, A./Gasteiger-Klicpera, B./ Schmidt, B. (2017): *Legasthenie – LRS*. München: Reinhardt.

Konza, D./Fried, L./Michael, M. (2010): "Responding to the challenge of teaching English language skills". In: Bongartz, C./ Diehr, B./Rymarczyk, J. (Hrsg.), *Researching Literacy in a Foreign Language among Primary School Learners*. Frankfurt: Peter Lang. 13–36.

Kormos, J./Kontra, E. H. (Hrsg.) (2008): *Language Learners with Special Needs: An International Perspective*. Bristol: Multilingual Matters.

Kormos, J./Smith, A. M. (2012): *Teaching Languages to Students with Specific Learning Differences*. Bristol: Multilingual Matters.

Košak-Babuder, M./Kormos, J./Ratajczak, M./Pižorn, K. (2019): "The effect of read-aloud assistance on the text comprehension of dyslexic and non-dyslexic English language learners". In: *Language Testing* 36(1), 51–75.

Kötter, M. (2017): *Wortschatzarbeit im Fremdsprachenunterricht: Grundlagen und Praxis in Primarstufe und Sekundarstufe I*. Seelze/Velber: Klett Kallmeyer.

Krifka, M./Błaszczak, J./Leßmöllmann, A./Meinunger, A./Stiebels, B./Tracy, R./Truckenbrodt, H. (2014): *Das mehrsprachige Klassenzimmer.* Berlin/Heidelberg: Springer.

Kuster, S. M./van Weerdenburg, M./Gompel, M./Bosman, Anna M. T. (2017): "Dyslexie font does not benefit reading in children with or without dyslexia". In: *Annals of Dyslexia* 68(1), 25–42.

Mendez, C. (2013): „Kann ich als Legastheniker Französisch lernen? Vom Umgang mit Legasthenie und LRS". In: *Praxis Fremdsprachenunterricht Französisch* 3/2013, 4–6.

Nassaji, H. (2013): "The role and importance of lower-processes in second language reading". In: *Language Teaching* 47(1), 1–37.

Naumann, J./Artelt, C./Schneider, W./Stanat, P. (2010): „Lesekompetenz von PISA 2000 bis PISA 2009". In: Klieme, E./Artelt, C./Johannes, H./Jude, N./Köller, O./Prenzel, M./Schneider, W./Stanat, P. (Hrsg.), *PISA 2009. Bilanz nach einem Jahrzehnt.* Münster: Waxmann,

Philipp, M. (2012): „Einige theoretische und begriffliche Grundlagen". In: Philipp, M./Schilcher, A. (Hrsg.), *Selbstreguliertes Lesen. Ein Überblick über wirksame Leseförderansätze.* Seelze: Kallmeyer, 38–57.

Philipp, M. (2015): *Schreibkompetenz: Komponenten, Sozialisation und Förderung.* Tübingen: A. Francke (UTB).

Philipp, M. (2017): *Grundlagen der effektiven Schreibdidaktik und der systematischen schulischen Schreibförderung.* Baltmannsweiler: Schneider Verlag Hohengehren.

Pikulski, J./Chard, D. (2005): "Fluency: Bridge between decoding and reading comprehension". In: *The Reading Teacher* 58(6), 510–519.

Raberger, T./Wimmer, H. (2003): "On the automaticity/cerebellar deficit hypothesis of dyslexia: balancing and continuous rapid naming in dyslexic and ADHD children". In: *Neuropsychologia* 41(11), 1493–1497.

Rawlinson, G. E. (1976): *The significance of letter position in word recognition.* Unpublished PhD Thesis: University of Nottingham, UK.

Reed, D. J./Stansfield, C. W. (2004): "Using the Modern Language Aptitude Test to identify a foreign language learning disability: Is it ethical?" In: *Language Assessment Quarterly* 1(2–3), 161–176.

Reimann, D. (2014): „Legasthenie im Fremdsprachenunterricht. Symptomatik – Maßnahmen – Perspektiven". In: *Praxis Fremdsprachenunterricht Französisch* 2/2014, 8–12.

Romonath, R. (2006): *Fremdsprachenlernen bei Legasthenie*. Hannover: Bundesverband Legasthenie und Dyskalkulie e. V.

Rosebrock, C./Nix, D./Rieckmann, C./Gold, A. (2011): *Leseflüssigkeit fördern. Lautleseverfahren für die Primar- und Sekundarstufe*. Seelze: Kallmeyer.

Rosebrock, C.; Nix, D. (2008): *Grundlagen der Lesedidaktik und der systematischen schulischen Leseförderung*. Baltmannsweiler: Schneider Verlag Hohengehren.

Roters, B./Gerlach, D./Eßer, S. (Hrsg.) (2018): *Inklusiver Englischunterricht*. Münster: Waxmann.

Schick, K./Mayer, A. (2013): „Chair, fair, pair! Kinder mit LRS unterstützend unterrichten". In: *Grundschulmagazin Englisch* 5/2013, 9–10.

Schlak, T. (2008): „Fremdsprachenlerneignung: Tabuthema oder Forschungslücke?" In: *Zeitschrift für Fremdsprachenforschung* 19(1), 3–30.

Schwarz, T. (2017): „Aussprache, Rechtschreibung, Grammatik und Wortschatzarbeit für LegasthenikerInnen". In: *Hispanorama* 161, 88–93.

Sellin, K. (2008): *Wenn Kinder mit Legasthenie Fremdsprachen lernen*. München: Reinhardt.

Sparks, R. L./Ganschow, L./Kenneweg, S./Miller, K. (1991): "Use of an Orton-Gillingham approach to teach a foreign language to dyslexic/learning-disabled students: Explicit teaching of phonology in a second language". In: *Annals of Dyslexia* 41(1), 96–118.

Sparks, R./Ganschow, L. (2001): "Aptitude for learning a foreign language". In: *Annual Review of Applied Linguistics* 21(1), 90–111.

Sparks, R./Patton, J./Ganschow, L./Humbach, N./Javorsky, J. (2006): "Native language predictors of foreign language proficiency and foreign language aptitude". In: *Annals of Dyslexia* 56(1), 129–160.

Sprenger-Charolles, L./Colé, P. (2003). *Lecture et Dyslexie*. Paris: Dunod.

Surkamp, C./Yearwood, T. (2018): "Receptive competences – Reading, listening, viewing". In: Surkamp, C./Viebrock, B. (Hrsg.), *Teaching English as a Foreign Language. An Introduction*. Stuttgart: Metzler, 89–108.

Sykes, J. (2008): *Dyslexia, Design and Reading: Making Print Work for College Students with Dyslexia. A Qualitative Interaction Design Study.* Dissertation: Carnegie Mellon University.

Tacke, G. (2011): „Ein umfassendes Konzept zur schulischen und häuslichen Lese-Rechtschreibförderung von Klasse 1 bis in die Sekundarstufe". In: Schulte-Körne, G. (Hrsg.), *Legasthenie und Dyskalkulie: Stärken erkennen – Stärken fördern*. Bochum: Dr. Dieter Winkler, 135–164.

Valtin, R. (1997): „Stufen des Lesen- und Schreibenlernens. Schriftspracherwerb als Entwicklungsprozeß". In: Haarmann, D. (Hrsg.), *Handbuch Grundschule*. Weinheim/Basel: Beltz, 76–88.

Valtin, R. (2012): „Phonologische Bewusstheit: Ein kritischer Blick auf ein modisches Konstrukt". In: *Frühe Bildung* 1(4), 223–225.

von Suchodoletz, W. (Hrsg.) (2006): *Therapie der Lese-Rechtschreib-Störung (LRS): Traditionelle und alternative Behandlungsmethoden im Überblick*. Stuttgart: Kohlhammer.

von Suchodoletz, W. (2007), „Lese-Rechtschreibstörung (LRS) im Sprachenvergleich und im Fremdsprachenunterricht." In: *Sprache – Stimme – Gehör* 31(3), 1–6.

Ziegler, J. C./Goswami, U. (2006): "Becoming literate in different languages: similar problems, different solutions". In: *Developmental Science* 9(5), 429–445.

Zorzi, M. et al. (2012): "Extra-large letter spacing improves reading in dyslexia". In: *Proceedings of the National Academy of Sciences* 10 928, 11 455–11 459.

Sachregister